越读 2

毕淑敏等 • 著

北京联合出版公司
Beijing United Publishing Co.,Ltd.

目　录

读自己书架上的书

刘心武

有朋友来诉苦，说如今书价腾涨，真是莫再读书了，我却不以为然。

我当然并不赞成书价无节制地上涨，但我以为，书价上涨也许倒会促使我们更谨慎地买书——只买那些对我们来说必不可少或确有留存价值的书。

也许是因为以前书价相对其他消费品而言偏低，人们大都买了不少书来排满自己的书架。那位来诉苦的朋友家中的书架不仅爆满，壁橱中乃至于沙发边也都藏着摞着不少书。我问他："你买的书，全都看过吗？"他摇头；再问："看过其中的一半吗？"他想了想，又摇头；再问下去："看过其中的三分之一？"他叹了口气说："也许还达不到，唉，没有时间啊……"

是的，我们都忙，我们甚至没有时间读自己掏钱巴巴地买来的书，我们常常是先把想要的书买到手再说，这本不足为奇，但我们不能容忍自己的这种心态——仿佛只要那本书我们买了并放在书架上了，我们就读过它了似的。

不。我们必须郑重地提醒自己——对于任何一本书，只有读过它(不能详读时可以粗读，甚至可以一目十行地“瞄”过去)，它才真正属于我们心灵书架中的一本书。我们不能仅仅买书、藏书，我们必须读书。

我一度达到过凡自己所买来的书皆读过的境况，但近些年我的买书量大大超过了我的读书量，并且坦白地说，某些书之所以买来，主要是出于一种虚荣心——人家有，我也该有；心理上的浅薄满足欲代替了心灵上的真诚求知欲。亏得我还能自知此弊，所以最近我向自己发出了最后通牒——

请读自己书架上的书，否则，暂停买书!

我于是开始读那些原是买来装阔气、撑门面、摆谱儿、充博学、赶新潮、唬客人的书——结果，我发现自家书架上的书完全够我享受很长一段时间，我为自己前一阵子动不动问别人“该看些什么书呀?”而脸红，事实上我现在很有资格回答别人的这类问题，并且我觉得与其告诉人家“该看什么”，不如告诉人家“不必看什么”，因为唯有读过相当多书的人，才能对一束束的信息做出有信心的价值判断。读书的过程实际上也就是一个认同和排拒的选择过程，读书越多，则选择的余地越大，因而为自己带来的人生机会也就越多。

我把自己的这点经验，介绍给来诉苦的朋友。最近他来报知，他已放慢了买书的步伐，加快了读自己书架上的书的步伐。他还说，如今信息大爆炸，就是书价不涨，可买的书也极多，就是收入大增，也不可能将看中的书全买回家来，因此，今后不仅要认真清理、阅读自己书架上的书，并且应当认真考虑和设计一下自己的书架上该是怎样的一种阵容了。我得意地告诉他，这种“个人书架设计”我早已在进行了，其中还包括明智地淘汰掉了一些对自己来说是无用也毋庸收藏的书。不过，我觉得对多数人来说，包括我自己在内，眼下最要紧的还是——

读自己书架上的书。

书上旅行

高维生

我家有一本《知识青年地图手册》，其实就是中国地图册。薄薄的书，封面是白色的底衬，绿色的图案，一个青年驾着拖拉机翻耕土地。这本书我时常翻动，在不大的书本上，我漫游于960万平方公里的土地上。

我研究曲曲弯弯的线条，那是一脉脉起伏的山冈，蓝色代表神秘的河流。我记住了一些地名，走遍山山水水。我最向往的是革命圣地——延安。在课堂上，学习贺敬之的《回延安》："心口呀莫要这么厉害地跳/灰尘呀莫把我眼睛挡住了/手抓黄土我不放/紧紧儿贴在心窝上/几回回梦里回延安/双手搂定宝塔山。"蜿蜒的延河水一定清澈、甜美，看着地图上的延安，心飘在黄土高原。那个年龄容易冲动，我想象着蹲在延河边，掬起清甜的河水，让革命的汁液流进心田。我走进陌生的地方，猜想那里的真实面貌，我的目光锁定长江入海口的上海。

我比同龄的孩子幸福得多，跟父亲去过上海。那儿在孩子们的心中是天堂，也是天涯，鸟儿都难以飞到的地方。无雪的日子寒风游荡，站台旅人稀少，我的脸贴在车窗的玻璃上，看着熟悉的故乡一点点地离开，我懂得告别的滋味。我和父亲到了长春，然后再坐上火车，度过白天和黑夜，在飘着细雨的早晨来到上海。这座令我心仪的城市笼罩在雨雾中。说话的声音，马路上奔跑的、拖辫子的有轨电车，高大的楼房，一切都让我新奇。我们住在南京饭店，电话挂在墙上的木匣子里，耳机挂在旁边，和对方通话时要摘下耳机贴在耳朵上。饭店在北方是吃饭的地方，在遥远的南方却成了旅馆。饭店在繁华的南京路，窗子临街，宽阔的马路很早就车闹人嚷。

走出饭店的大门有一条里弄，青石铺的路像铁上的斑斑锈痕，岁月中被无数双脚踩踏，磨去棱角，青石纹留下发生的故事和对过去的思念。弄堂不宽，两边是简易房，大多是小吃铺。我和父亲常去的那家就在饭店不远处，店铺不大，靠墙摆着一排简单的桌椅，门口的收款台是旧桌子，旁边坐着一个干净的老头，穿着白工作服。有机玻璃做的牌子上写着："要斗私批修！"一走进门，他热情地问候："来点什么？"他说的是上海普通话。店里主食是馄饨、阳春面、汤圆，其他也没有好吃的东西。如果买阳春面，老头会尾音拖得长长地喊道："一碗阳春面！"桌子陈旧却擦得很干净，筷笼子放着筷子，桌子上摆着酱油壶、醋壶和一瓶胡椒粉。在上海我第一次见到胡椒粉，很喜欢那种味道。

夜晚爸爸带我到外滩，伏在护栏墙上，看夜色中的江面。停泊的轮船上，披挂着节日一般的灯光，汽笛长鸣划破江上的平静，风送来了水腥的气味，江水哗哗地拍岸。南国的冬天，飘起阴湿的冷雨，走路的人靴子上横缠了几道草绳防止打滑。

上海的弄堂留在我心中，城市高大建筑和外滩钟楼的悠扬钟声，赋予我对远方的渴望。

我对地图有特殊的情感，对于《知识青年地图手册》更有另一类感情，它使我浮起对旅途的渴望，也让我认识了许多上海知青，许明兄妹、陈文英、王为凡、周信荣、陶春花、朴松萍。我装书的小木箱里面有几本小画书，这是我的全部藏书。后来我把地图册放了进去，翻阅地图册时，我仿佛背着旧旅行包，在阴雨蒙蒙的日子离开家。对于目的地我没有了解，全凭这册地图。

父亲远在北京，正在修改长篇小说，一待就是半年，春节都不回来。父亲在信中写到了运河，他在北京郊区的夏庄，租了一间民房，运河在庄前流过，清晨父亲到河边跑步。后来母亲去北京看病，家里就剩下祖母带我们兄妹几人了。父母在远方常常写信，叮嘱我们好好学习，不要出去乱跑，听奶奶的话之类。信中也介绍北京的人文地理和夏庄的朴素民风，京都的春天是美好的，四合院的槐花开了，空气中飘着花香，从敞开的窗子涌进。父亲或许会放下手中修改的稿子，望着一树的槐花，想到几千里以外的家乡，感叹一别又是半年有余。他在一首诗写道：“京都门外槐花馨/转瞬之间成绿荫/折取一枝进城去/寄到长白报春深。”我查阅《知识青年地图手册》，沿地图上的标识，开始书上旅行。从我有记忆起，北京就是神往的地方，天安门是祖国的心脏，更重要的是有我们最敬爱的伟大领袖毛主席，那儿是他生活、工作的地方。我趴在炕上沿着地图上的路线，一步步地走进北京，我好像听到了《北京的金山上》那优美的歌声。

父母离开家很长时间，思念之情，随流走的日子一天天增长。地图册似一只风筝，牵引我飘向遥远。

去火车站的公共汽车，车票是一毛钱，我兜里没一分钱。我来仓房想找一点破烂，到废品收购站卖。仓房里堆得乱糟糟的，没值钱的物品。仓房是木板搭成的，透风漏气，阳光穿过板缝间流进来。光线中飘着浑浊的灰尘，割裂阴暗的空间。墙角的木箱，榫槽的胶开裂，木板灰旧。箱子装着旧书，我打开箱盖倒腾，一股霉味呛得我咳了几声。《红旗》《毛主席语录》，还有一本装订简单、钢版刻的、油印的小册子。我好奇地拿起一页页地翻，翻到中间看到一个戴眼镜的小老头拄着手杖的漫画。标题是大黑体：“我们为什么要打倒陶铸？”问号特别大，笔画粗重像感叹号。我对政治不明白也不感兴趣，只是想找点能卖的东西。后来找出几双旧塑料鞋底和几本掉了封面的《红旗》杂志，用一根麻绳捆好。

废品收购站在路口的东侧，是一间破落的屋子。屋顶的老式青瓦，像丢在干涸沙滩上的鱼鳞。下半部铺着锈迹斑斑的铁皮，上面压着石块和砖头，由于年代久，屋子下陷，窗台几乎接近了地面。门前筑着弧形的土堆，防止雨天倒灌水。进屋往下走，脚下是废暖气片搭的台阶。我去的那天，收购站的人胳膊上套着蓝套袖，对我不冷不热。她的手粗粗糙糙，接过我的破东西，扔到地上的小台秤上：“五毛钱。”她喊了一声，然后拉开抽屉，在一堆零钱中找出钱给了我。

我飞出低矮的屋子，蹦跳地走在回家的路上。我有钱了，我变成了富翁，这样能去火车站接爸爸妈妈。

公共汽车站停在第五小学的旁边，这儿是我上学的地方，学校旁边有一排房子是蔬菜商店。等车的时候希望碰上同学，告诉他们我去火车站接人，并不想把接爸爸妈妈的事说出来，想在心中留下最后的秘密独自享受。我在等车时没遇见同学，公共汽车很快来了。上了公共汽车，售票员背着卖票的皮兜过来。她的圆珠笔上缠着皮筋，在票上只轻轻地一蹭，票就撕下来了。她递给我一张票，我给了她一毛钱。我攥着车票怕被一股风吹跑，公共汽车慢悠悠地穿过城市，布尔哈通河泛着夕阳的溢彩。

我连续去了两天，第三天我犹豫了。因为手头只剩下一毛钱了，没有回程的车票钱，只好步行回返。我决定还是去，坚信一定能接到爸爸妈妈。火车一声长鸣，喷吐着浓重的黑烟，缓缓地驶进站，我扶在出站口的铁栅栏外，激动得心要跳出来似的。要见到久别的父母，对于少年的我是多么高兴的事呀！火车轰隆隆地开走，黑烟在天空中消失，出站的人少了，到后来一个人没有了，检票员把出口的大铁门咣当一声关上，锁上大锁头。我呆呆地站在那里，看伸向远方的钢轨，心中说不出是什么味道。

天快黑了，我离开了车站，慢慢地向家中走去。

那本地图册，在我的心灵中展现了另一个世界，我从中得到了丰富的知识。它留给我的想象，影响我的一生。

一本地图册走进去，不会感受枯燥乏味，每一次阅读都能体验人生之旅的漫长情感。

文学与史学

周东江

一般而言，文学与史学有着严格的区分，文学是利用语言文字进行艺术创作，比如诗歌、散文、小说、戏剧等；而史学则是人类对自身历史的素材进行筛选和编撰。这两门学科一个着重于创造，一个侧重于编写；一个天马行空，一个脚踏实地。说风马牛不相及可能有点夸张，但说二者隔行如隔山，应该不算过分。因此搞史学研究的，最忌讳有人用文学手法写史。但是在某些方面，二者又有着若即若离若隐若现的重合——现如今都讲“互联网 ”，什么东西都可以用互联网串起来，其实历史也一直起着纽带和串联的作用，可以用“历史”来表示，比方：地球历史=地球史，人类历史=人类史，科技历史=科技史，战争历史=战争史，文学历史=文学史……

没错，文学史就是文学和历史最紧密的结合，既属文学范畴，又属史学范畴。但我想说的是：抛开文学史不谈，即便是最纯粹的文学作品，其实也可以当作历史资料来研究的——换句话说“文学即史学”。这个观点最容易招专家板砖——文学作品都是虚构的，怎么能跟实实在在的史学相提并论？

容我举例：《荷马史诗》应该算是文学作品吧？但是它再现了古代希腊时期的社会状况，是研究古希腊社会的唯一史料，其重要性不言而喻。而且由于《荷马史诗》的传播，公元前11世纪到公元前9世纪的希腊史被称作“荷马时代”。

如果说《荷马史诗》距离中国读者比较遥远，我们就举身边的例子：我年少时最爱读的是杨朔的散文，他的作品有一种特别的韵味，无论是《蓬莱仙境》《海市》还是《荔枝蜜》，都能令人产生无限遐想，仿佛飘飘然被作者引进仙境……如果仅仅读到这里，那么他的散文就只是文学作品；若是结合他写这些散文的时代背景正好是“三年困难时期”，全国人民都在忍饥挨饿，回过头来再读这些甜得发腻的文学作品——你就不得不把它们当作史学去研究了。

说完了“文学即史学”，可不可以再倒过来推：史学即文学？窃以为也是可以成立的。至少，司马迁的《史记》在文学史上就占有很重要的地位。如果说《史记》还不足以说明“史学即文学”，我们还可以把冯友兰转嫁给胡适的那句名言“历史是任人打扮的小姑娘”作为论据。

本来胡适在介绍实在主义哲学时说过一句："实在是一个很服从的女孩子，他百依百顺地由我们替他涂抹起来，装扮起来。"而20世纪50年代冯友兰在批胡适的时候信口说成："实用主义者的胡适，本来认为历史是可以随便摆弄的。历史像个'千依百顺的女孩子'，是可以随便装扮涂抹的。"经大学者冯友兰这么一八卦，通俗版的"历史是个任人打扮的小姑娘"便成为胡适的经典名言，令胡适哭笑不得。

把"历史是个任人打扮的小姑娘"栽到胡适身上虽然有点冤，但是无可否认，在历史非常时期，这句名言可以成为古今史学界心照不宣的潜规则，以至到了今天，回首一些历史事件，仍显得曲折幽暗迷雾重重，比小说还小说，比八卦还八卦。比如宋太祖赵匡胤的死因，比如朱元璋火烧庆功楼的传说，就留给我们无限争论和想象的空间。

不过我们也不能苛求史学如何尊重史实，即便当今发生的事，比方一个刑事案，在侦破过程中也往往是扑朔迷离，令人一头雾水，否则也不会出现需要平反的冤假错案了——那些没有被平反的冤案呢？如果带进历史，不就成为定论了吗？

编织谎言制造种种假象，应是小说家的拿手好戏；去伪存真无限接近真相，应是史学家孜孜以求的目标；至于如何分辨春秋笔法和秉笔直书，则需要我们把文学和史学合在一起读。从这个角度讲，文学与史学，实在是难以画出清晰界线的。

书本里的曼陀罗 毕淑敏

当年在西藏阿里，我无数次看到过这种外圆内方一层套着一层的图案。它们或在墙上，或在纸上，或在洞穴之中……绚烂多姿，色彩鲜艳，虽然由于时间的漂洗，很多细节已看不分明，但那种寄予了无限想象力的气势和庞大系统的缜密性，伴随一种不可知的象征性，带着无法抗拒的力量劈头盖脸而来。

“这是什么？”我问阿里的老同志。他军装很旧，不过洗得很干净。这在阿里的军人里面并不常见，因为藏北风沙大，基本上所有的人在所有的日子里，都风尘仆仆满面尘灰。

“那里面是佛教对世界的解释。”他说。那时候我17岁，他大约30多岁吧，受过高等教育，喜沉思和读书。在我眼中，已是足够的老迈与渊博。

“它在解释什么？”我追问。

“解释他们心中的宇宙是什么样子的。”老同志说。他被大家公认为最有学问的人，常常从一件很小的事情就能说到宇宙。很多年后，我才明白，阿里这个地方，就是和宇宙有特殊的联系。也许那时的他，得了某种冥冥之中的感召。

“宇宙就是这个样子吗？一圈套着一层，一层又套着一圈，层层递进，有方有圆的吗？那我们此刻是在哪里呢？是在方的框架里，还是在圆的中心呢？”我问。

“这我就不清楚了，那要问画这图案的人。”哈！老同志居然也有无可奈何的时候。

“你看，这图当中还有类乎花草和人形的样子，是不是说明我们就在这里呢？”我充满好奇。

“那里的人，恐怕不是我们吧。”老同志斟酌着说。

“那他们是谁呢？”我穷追不舍。

“应该是神仙吧？”老同志也有点吃不准。

“可是，不是没有神仙的吗？”我说。

“人们对世界有很多种解释，没有神仙的说法，只是其中的一种。”老同志说。

我说：“这个图案叫作什么？”

“叫什么名字我真不知道。我猜它是信仰佛教的人们对西方极乐世界的想象。不过，小鬼，这只是我自己的想法，你不必当真。”

因为他叫我“小鬼”，好像自己是当年红军中的首长一样，让我很恼火。那天的谈话就此中断。后来，老同志在一次雪山车祸中殉职，我曾到太平间照料过他的尸体。他躺在冰冷的水泥台上，尸衣已经穿戴完毕，看起来像在深睡。他的脸上盖着一条白色的毛巾，有清冷的风从半开的门中吹过（我不敢把门完全关死），毛巾上的绒毛在轻轻抖动，好像他还在呼吸。我轻轻揭开他脸上的毛巾，因为并没有伤到脸部，所以他一如既往地英俊着平静着，眼睑微阖。新缝制在军装上的鲜红的领章和帽徽，反射着暖洋洋的微光，映衬得他的脸色比平日还要神采奕奕。在边防军人的死法当中，他死得实在很漂亮。那时我们每年只发一副新领章，大家都俭省着，留到过年节或是探家的时候才佩戴。寻常时日，大家佩戴的领章都是旧的，色淡而有皱褶。我叹了一口气，觉得他就会睁开眼睛，再和我探讨一下宇宙的事，可是，他顽固地耷拉着眼皮，虽留有一个细小的缝隙，但没有光芒射出来，很骄傲的样子，对人不理不睬。

从此，我再也没有和人探讨过这图案的意义。也许是为了对老同志的祭奠，我把他对这种图案的推断当成了真理，这就是最原始的世界图解。我虽然记不住它们繁杂而又有规律的色彩，但那种令人眼花缭乱而又井然有序的图案一出现，我就会认出来，并肃然起敬。

后来，我走过了世界上的很多地方，凡是在藏传佛教流行的区域，都可以从精美的唐卡、堆绣、雕塑上看到它。我知道了它的名字叫作——坛城。

坛城也称曼陀罗。

当你在字典里查找曼陀罗的时候，会看到两个最著名的解释。一个当然就是上面所说的这个符咒般的图案了；还有一个，是一种植物的名字，叫曼陀罗花。

先来说说这朵花吧。

曼陀罗小名洋金花、大喇叭花、山茄子等，多野生在田间、沟旁、道边、河岸、山坡等地方，原产印度。翻译过来可以意译为：圆华、白团华、适意华、悦意华等。

阿育王经七曰：“漫陀罗，翻圆华。”又有曰：“曼陀罗华者，译为小白团华。摩诃曼陀罗华者，译为大白团华。”

这花传入中国后，小名又叫风茄儿、疯茄花、野麻子、醉心花、狗核桃、万桃花、闹羊花等。

一朵花，为什么有这么多别名呢？是生长的地域辽阔，还是人们格外地喜爱或是垂怜？除了名字多以外，曼陀罗的颜色也很多，随之而来的就是很多种花语，据说不同的颜色代表着不同的意义。

紫色曼陀罗——恐怖。

蓝色曼陀罗——诈情，骗爱。

红色曼陀罗——又称彼岸花。接引之花。花香有魔力，听说能唤起前生的记忆。

粉色曼陀罗——适意。

绿色曼陀罗——生生不息的希望。

黑色曼陀罗——不可预知的黑暗、死亡和颠沛流离的爱。

金色曼陀罗——敬爱，不止息的幸福。

白色曼陀罗——情花，如用酒吞服，会使人发笑，有麻醉作用。是天上开的花，白色而柔软，见此花者，恶自去除。

我不知道曼陀罗花是否有如此多的颜色。也不知是何人给无知无觉的花草，阐释出了如此复杂的意义。是什么动机呢？也许来自梵语。曼陀罗，在梵语中就是指的杂色。

我相信科学。《中国种子植物科属辞典》中说：曼陀罗，茄参属，茄科，分布喜马拉雅和地中海，我国云南西藏产2种。蒴果大，常有刺，花冠喇叭状，没有粗大的地下根，药用镇静、镇痉、镇痛、麻醉。似乎也并不是栽种广泛的花卉。

《本草纲目》中说：曼陀罗生北土，人家亦栽之。春生夏长，独茎直上，高四五尺，生不旁引，绿茎碧叶，叶如茄叶，八月开白花，凡六瓣，状如牵牛花而大，朝开夜合。结实圆而有丁拐，中有小子。八月采花，九月采实。

当年读医科的时候，正是文化大革命后期，外科手术时兴针刺麻醉和中草药麻醉。一天，外科教授问："谁知道世界上最早采用麻药开刀的人是谁？"

这难不住我们。大家异口同声地回答："华佗。"

教授接着问："华佗在哪里用了麻药？"

有快嘴的学员回答说："给关云长刮骨疗毒的时候。"

我想了想，心生疑惑。《三国演义》里所写关羽在整个手术期间，喝酒下棋，不像是被麻醉了的样子啊。还没容我举手提出意见，教授就对那位同学说："你记差了。首先那是小说，历史上的真实情况是关羽和华佗根本就没有见过面。其次关羽中的是箭伤，外科的局部清创术而已，小事一桩，根本就用不着全身麻醉。《三国演义》中的这个杜撰出来的故事，最主要是说明关羽的意志力坚强，和麻药倒并没有太大的关系。反过来说，如果华佗的麻药非常厉害，关羽在疗伤的时候，一点都不觉得疼痛，人们还会这样佩服关羽吗？！"

那同学讪讪地低下头。我们在佩服外科教授医术的同时，也对此教授的历史和文学修养刮目相看。

教授最后自揭谜底。

《三国演义》第78回，写的是曹操患了头风病，痛不可忍，遍寻良医，终不见效。华歆向曹操推荐华佗，说“华佗医术之妙，世所罕有。但有患者，或用药，或用针，或用灸，随手而愈。若患五脏六腑之疾，药不能效者，以麻肺汤饮之，令病者如醉死，却用尖刀剖开其腹，以药汤洗其脏腑，病人略无疼痛。洗毕，然后以药线缝口，用药敷之。或一月或二十日，即平复矣”。于是，曹操派人星夜请华佗来诊治，结果是个悲剧，“神医身死”，曹操也因头风病而死，最终没有用上麻肺汤。

外科教授说：“我判断曹操患的是脑肿瘤。”

大家就问：“是良性的还是恶性的呢？”

教授说：“请记住，所有的脑肿瘤，都可以认为是恶性的。为什么这么说呢？因为人的大脑被坚硬的颅骨包围，颅内腔的容积是有限的。哪怕是一个良性肿瘤，它只要不断地长大，很快就会引起脑组织受压，危及生命。第二点，《三国演义》中的麻肺汤，就是医学书上的‘麻沸散’。它最早见于《三国志·魏书·方技传》。那上面写道：‘若病结积在内，针药所不能及，当须刳割者，便饮其麻沸散，须臾便如醉死，无所知，因破取。病若在肠中，便断肠湔洗，缝腹膏摩，四五日拆，不痛，人亦不自寤，一月之间，即平复矣。’”

我们做恍然大悟状，其实也不大明白。外科教授接着说："谁能说出麻沸散的方子来？"

大伙大眼瞪小眼，谁也说不出来。有人小声嘀咕："我们也不是华佗，谁知道呢！"

外科教授笑了，说："你答对了。你们不知道麻沸散的处方，我也不知道。因为它已经失传了。它的药物组成，至今还是一个谜。不过据现代研究，麻沸散的主药是莨菪子。在《神农本草经》中，记载莨菪子'多食使人狂走'。莨菪子就是莨菪的种子，'狂走'是由于服了一定量莨菪子之后，发生了中枢神经的麻醉作用而出现神智错乱的现象。根据研究，麻沸散的主药，正是曼陀罗。"

我猜你一定要说，绕了这么大的圈子，原来是在说曼陀罗的药性很厉害啊。

曼陀罗花，是中药麻醉中最常用的药物，据说药圣李时珍曾亲自试服过曼陀罗花。

我不是要大家学习医学常识，而是觉得这曼陀罗花也是和坛城有关系的。《法华经》中记载，佛说法时，天雨曼陀罗花。又说道家北斗有陀罗星使者，手执此花。

说完植物的曼陀罗，再来说这佛教中的典故。

曼陀罗，是藏传佛教中修持能量的中心。曼陀罗也被称为曼荼罗、满达、曼扎、曼达……意译为坛城，以轮圆具足或“聚集”为本意。泛指一切圣贤、一切功德的聚集之处。这样供奉曼陀罗，就是积聚福德与智慧最圆满而巧妙的方法。以曼陀罗的形式来供养整个宇宙，是很多方法中最快速、最简单、最圆满的。曼陀罗是僧人和藏民日常修习秘法时的“心中宇宙图”，共有四种，即所谓的“四曼为相”，一般是以圆形或正方形为主，相当对称，有一个中心点。

坛城有“证悟的场所”“道场”的意思。塑造和绘制时，需根据尺度进行，材料各异。有木制的，有金属材料制作的。方法也各异，有绘画的、彩粉的，也有用细砂造的。都是构图华丽典雅，内涵博大精深，具有宗教和哲学、心理学和美学的深刻意义与价值。

在藏传佛教中，信徒经过启蒙后，就要给予特别的指导，教他们如何观看曼陀罗（难怪当年我们看不懂）。曼陀罗描绘了和蔼宁静之神和凶恶愤怒之神，描绘了存在力量的冲突，有着原始的冲动和激情，也描绘了神性之光——存在于精神深处，如果精神上进入曼陀罗，你就能使自己由对立到达统一。

曼陀罗图也曾拯救了著名的心理学家荣格。

荣格受佛教影响很大，他参悟出曼陀罗的深奥含义及其在心理整合过程中的重要作用。他认为曼陀罗是完整性的原型与象征。在曼陀罗里，心理完整性得到了最佳表达。

荣格心理学的非常重要的一点，就是揭示人的心理深层结构，也就是要解释人心灵的丰富性和意义。荣格还致力于共时性的研究。共时性是什么呢？荣格说：“共时性是两种或两种以上事件的富有意义的巧合，其中包含着某种并非意外的或然性东西。”

比如某一天，荣格拿芦苇秆作为卦具，来为自己占卜（荣格对中国的《易经》非常喜爱）。这一次占卜的结果暗示他即将患病，荣格当时身体好好的，他有点搞不明白。过了不久，荣格真的病了，患了一场重感冒。荣格认为，这意味着他的复杂的生活情势和他用来占卜的那六根芦苇秆之间，存在着某种精神的影响和力量，通过客观发生的偶然事件可以确定人的心灵现实。

荣格的这个理论，核心意思就是世界上的万物和我们的心灵之间，有一种神秘的联系。它能以某种形式和能量体现出来。

通览世界上的美学方式，基本上分为四个种类的模式。即西方模式、中国模式、印度模式和伊斯兰模式。其中，东方模式的队伍比较强大，包括中国模式、印度模式和伊斯兰模式。什么东西一成为模式，就有了某种规律性。所有这些模式，万变不离其宗，最后都祈望达到和谐共处。不过，东西方模式达成和谐的途径却不尽相同。西方美学模式中的和谐，是通过矛盾的斗争而达到。东方模式中的和谐，特别是印度和中国的模式，期望经由矛盾的互补、协同而实现圆满。

我走过世界的很多地方，看过了无数废墟和现代建筑。发觉无论哪个民族哪个时代，都以圆形为美，其次是方形，然后是长方形……（近代有一些稀奇古怪的形状，比如贝壳或是管风琴式样，不过内里还是以上几种形状，万变不离其宗。）拆分开来，各式各样的建筑，基本上都是这几种形状组成的。

更重要的是——所有的祭坛、所有的古剧场都是圆形的，而那是高贵和神圣的所在。你当然可以说，这是最节省材料的安排，谁都知道圆形面积最大，用料最省。我觉得古代人建造祭坛的时候，庄严和美感肯定是第一位重要的。至于俭省材料，绝不是他们的第一出发点。他们连鲜血和生命都在所不惜地用于拜献神灵，还在乎石头瓦块这些原材料吗？当然，对太阳神的崇拜，也是圆形最强有力的基因。总而言之，“圆”的历史极为悠久，不论是从古老的石刻图形，还是我们祖先崇拜的日月星辰（及其衍生出的各种仪式），还是大自然中的地域形状（如洞穴及山岳），再到人类的自然史（如圆形的卵细胞，而后在圆球体的子宫内成长、成熟后出生）……你都能轻而易举地发现——“圆”无所不在。

心理学家荣格对圆也有着浓厚的兴趣，他发现在某些印度教和西藏佛教神秘仪式中，信徒使用一个圆圈内置复杂的象征图案以帮助冥想。这种“魔术圈”通常都是用十字结构分成四个部分的圆形符号。荣格认为这就把世界简约化了，使它成为一个几何投影。他给它取了一个颇具东方色彩的名字，叫作“曼陀罗”。

“曼陀罗”是梵文的音译，也可翻译为圆圈。“曼陀罗”又称坛城，把圆形和方形有机地结合在了一起，并紧紧围绕中心展开。荣格认为，太阳是曼陀罗，飞碟也是，佛教的莲花、中国的太极，以及车轮、铜钱，统统都是曼陀罗。

他曾经说过：“不论圆象征出现在原始人的太阳崇拜或现代宗教里，在神话或梦里，西藏僧侣绘制的‘曼陀罗’或城市平面图里，以及在早期天文学家的天体概念里等，它总是指出生命最重要的方面——根本的统一。”

荣格同老师弗洛伊德的决裂，使他陷入了长达六年的艰难而痛苦的探索过程。这段恩怨说起来话长。

弗洛伊德1900年出版了巨著《梦的解析》，标志着精神分析理论基础的建立。3年之后，28岁的荣格，发现他苦苦探索的问题与弗洛伊德著作中的理论不谋而合，激动异常，马上给弗洛伊德写信，高度评价弗洛伊德的书。当时孤立无援的弗洛伊德立即回信，表示诚挚的谢意和自己的理论被荣格经验所证实的欣喜之情。两人可谓是英雄相惜，相见恨晚，见面后一下子就谈了13个小时的话。荣格说弗洛伊德是“我所认识的最杰出的人物，没有谁能与他相匹敌”。弗洛伊德则写信说：“同你相见，使我万分兴奋和欣慰……我信任你，你使我对未来充满信心。”

1910年3月底召开了第二次国际精神分析大会，弗洛伊德再三坚持，亲手把荣格送上了精神分析学会主席的位置，弗洛伊德满怀深情地称荣格是他的“长子”。

在几年的蜜月期之后，两位伟大的心理学家之间爆发了深刻的冲突。谈话中，弗洛伊德甚至出现了两次著名的昏厥。关于这件事的始末，我在这里就不多说了。总之，到了1914年4月，荣格辞去学会主席职务。弗洛伊德毫不留情地评论道：“卑劣的、虚伪的荣格以及他的信徒终于从我们中间滚蛋了。”

在这场永无弥合的决裂中，荣格义无反顾地在心理学的意义上谋杀了自己的父亲。但荣格此刻的内心波云诡谲，掉进了万劫不复的深渊，陷于精神病的边缘。

他在黑暗中看到的“第一线微弱的光明”，始于画曼陀罗草图。荣格决定服从潜意识，顺从由内心涌出来的和呼唤他的任何东西。他确信从他内部涌出的意象，会驱使他完全脱离自己的头脑，每一天，他都将自己的梦境、思想及所绘的图加以记录，并顺应内心的冲动，在日记中描绘成圆形图。1918年至1919年间，荣格几乎每天早上都画大小不等的方圆图形，借以观察自己内心隐秘而无名的情绪，后来他将这图形命名为“曼陀罗”。画由心生，他那时所画的“曼陀罗”，是内心状态的真实反映。他精神状态改变后，所画的“曼陀罗”也不一样了。大约4年之后，他逐渐发现了内心探索的目标。荣格说：“我不得不让自己被思潮带走，不知道自己会被带到什么地方去。当我开始描绘曼陀罗的时候，我就看到一切东西、我一直追随的所有的道路、我已经经历的所有阶段，退回到单个的点处——就是中间的点。对我来说，曼陀罗就是中心。日益清楚了。”

荣格画“曼陀罗”草图之后，不但从精神的苦思中获得解脱,而且还发现了隐藏在其中的原始意象：即原型所包含的一些内容。一天，他在曼陀罗的中央绘制了一座金色的城堡，完成以后他惊奇地发现自己无意识中创造出来的图案，竟是一个极具中国韵味的建筑。

1920年，卫礼贤的《周易》德译本出版，荣格对此书非常感兴趣，于是约译者卫礼贤见面。见面后，荣格对卫礼贤谈及他对潜意识的研究结果，卫礼贤说，对此他并不感到意外，因为这种思想在中国道家哲学中早已存在。荣格因此希望更确切地了解中国的道家思想。1928年，卫礼贤将其翻译的《太乙金华宗旨》交给荣格。次年，荣格同卫礼贤合作写了一篇有关此书的评论，这篇评论还包括对道教其他典籍如《慧命经》的一些看法。

荣格在这篇评论中称，他在开始精神病治疗生涯时，全然不知中国人的哲学，只是在后来，他的职业经验才告诉他，他一直在无意中循守的那种神秘的方法，早已在中国人的精神中存活了许多世纪。他说："分析心理学以一种十分奇怪的方式与（道家）的炼丹术不谋而合，我无意中触到了我那潜意识心理学历史上的对应物。"荣格终于从苦闷中走出来，确信自己提出的、对弗洛伊德来讲是离经叛道的理论，被证明不是他自己灵魂出窍的妄想，在东方古老的智慧中早已存在，他为自己的理论找到了印证并获得了共鸣。

他认为，《太乙金华宗旨》使他摆脱了困境，结束了自己同弗洛伊德分裂以来，长达15年之久的精神危机，并鼓舞着他能够把一些基本结论发表出来。

在那段极度苦闷的日子里，他隐居在苏黎世波林根的塔楼，过着与世隔绝的生活。他亲自选用石头，设计自己的塔楼，绘画雕刻，希望回归自然的怀抱，以大自然的和谐来疗治内心的重创。他画过无数张“曼陀罗”。这个图案，能使荣格的内心在处于焦虑、迷茫、混乱时，重新获得安稳与平衡。

1920年，荣格根据《易经》所描述的方法来进行精神分析。他认为，我们每个人都是不甚完整的，我们能够清楚地掌握的理性的“我”，就像是漂浮在海面上的那块浮冰。

记得我从格陵兰岛到冰岛的旅程中，看到无数浮冰。某天，我穿着一件绿色的丝绵棉衣，倚靠在栏杆上，正在数着周围有多少座冰山。船上专职的摄影师走过来，说要为我拍张照片。

我说：“我是一位老人家了，照出相片来不好看。还是去找年轻人吧。”

我知道他是专业人士，对图片的要求很高，我害怕被人摆来摆去地拍，怕自己配合不当让他失望，故提前婉辞。

他笑笑说：“您的衣服很好看。”

我穿着一件旧棉袄，有个扣子掉了，实在说不上美观。临上船之前，旅行社提醒我们，因为要进入北冰洋水域，所以纵然是夏季，也要准备冬衣。

带什么衣服出这趟远门，还真让我费了斟酌。因为只能带20公斤行李，我还要带书籍，只能是压缩衣物。想到回国的时候，总会有一些在世界各国买的小特产，会压分量，就打算带些旧衣服，这样回家的时候，可以把它们丢弃了。这个打算不能说不对，但当我在国外把患难与共的衣物扔在异国的垃圾筒里，觉得自己简直是过河拆桥薄情寡义的小人。这些衣物陪着我走过五洲四洋，为我遮风挡雨，当我不需要它们的时候，为了把箱子腾出来装入在各国买下的新奇玩意，断然抛掷它们，这岂不是始乱终弃吗？我是忘恩负义之徒啊。

因为棉衣体积大，分量重，回程时被扔掉的命运早已注定。在此谋划之下，我在家中所有棉衣里挑了最残破的一件——早年间的蝈蝈绿丝绵外套。不想它在这蓝色的海水和雪白的冰川背景上，竟是格外鲜艳。

摄影师坚持。我不好拂他意，只好穿着这件掉了扣子的旧棉衣，迎着冰冷的海风，站在船舷。

摄影师说：“好，就以这座冰山为背景吧。你就做出眺望的样子就行了。不必特意摆姿势。”

“和平号”在全速航行着，冰山很快地在不远处移动着。摄影师拍完照片，告诉我说他已经绕着地球转过十几圈了。在“和平号”上，有一些绕地球转圈成瘾的人，我刚开始见到时很吃惊，现在已是见怪不怪了。

我说："你绕地球转了这么多圈，最喜欢哪里的风光呢？"

他说："最喜欢眼前的风景。"

我以为是一句玩笑话，就说："明天船行到了不同国度，你又该说那里是你最喜欢的地方了。"

他却急了，说："并不是这样的。我最喜欢的只有一种景色，就是冰川林立。明天我们渐渐向南，就看不到这么多的冰山了。"

我大略数了数，周围有二十多座冰山。

我问："你为什么这么喜欢冰山呢？"

摄影师把目光移向那座充当背景，现在渐渐远去的冰山，充满温情。由于航速的关系，它比刚才看起来要小了很多。

摄影师说："我喜欢它们的纯洁。在世界上别的地方，你看不到这么纯洁的冰雪了。我还喜欢它们的古老，每一块冰，都有上万年的历史了。我还喜欢它们的美丽，你看，在日光下，它们发出碧绿或是湛蓝的光芒……太神奇了。试想一下，在这个世界上，能够把美丽、古老、纯洁集合在一起的东西，能有多少呢？你可能会说，那还有钻石嘛！我承认，钻石的确是把美丽、古老和纯洁都集于一身了，可是，钻石是多么小啊！小的以克为单位都还不行，要以克拉为单位，5 克拉才等于 1 克。克拉下面还有分，1 克拉等于100分……这是多么微小的分量啊。你看这冰山，你觉得它有多高呢？”摄影师指着渐渐变得像一小块玻璃一样，漂浮在北冰洋上的冰山说。

我回忆了一下刚才距离冰山最近时的感觉，说：“大概有三四层楼高吧？”

摄影师在说这些话的时候，一直斜挎着他的照相机。镜头很大很重，他调整了一下身姿，说：“在苍茫大海上，因为没有相应的参照系，人们通常都会对海面上的物体体积估计不足。刚才那座冰山，如果我们走到近前，就会看到，它足有10层楼那么高的。”

我说：“真的吗？大的骇人听闻啊。”

摄影师说：“这不算什么。你要知道，浮在海面上的冰山，只是整个冰山的九分之一。也就是说，在海面之下，还有8倍的体积藏在那里。”

我从理论上知道冰山潜伏在水底的部分十分庞大，但那毕竟是理性的印象，现在经摄影师现身说法，着实吓了一跳。

我们潜意识的体积，正是“冰山理论”的绝妙写照。你要了解你的潜意识，和你的潜意识对话，有一个方法。

这就是拿起笔来，绘制你独特的心灵曼陀罗。有兴趣的人，不妨一试。通过这种随心所欲的涂鸦，让你的无意识如同岩浆一样，从地缝（也就是我们意识把守着的土地裂隙之处）喷涌而出，来一个自发的自在的“表达”。荣格从自己的亲身体验中得出了这样的结论——我们每一个人的内心都是分裂的，以至于我们需要用“曼陀罗”把它整合起来。而这一神圣的“魔圈”——透过精密的图腾、坛场能量、几何中的结构奥秘，以及色彩的力量，可以连接我们内在的心智，创造出强有力的平衡。

通过曼陀罗绘画，我们可以静心，可以释放不良情绪。在你聚精会神和自己的内心交流的时候，你就踏踏实实地活在了当下。你会感到内在能量的整合和激发，你可以学会运用这些早就埋藏在你内心的宝藏，让你的生命焕发出光彩。

“我所画的曼陀罗，是关于自体状况的一些密码，这种密码每天呈现在我的脑海中时都是崭新的，在这些密码里，我看到自体，也就是我的整个存在。”荣格这样说过。

荣格证实在绘画“曼陀罗”的过程中，会同步地造成内心的转化。这是一个奇妙的过程，内中的道理，也许我们现在还未能完全知晓。心理学是一门非常年轻的学问，却无比重要。要给心理学更从容的发展时间，其中也包括这些我们已确知有效，却不能完全解释清楚原理的方法。

绘制自我的曼陀罗，也有治疗作用。荣格说："保护性的圆圈——曼陀罗，是对头脑混乱状态的一剂传统的解药。""曼陀罗……往往在迷惑和失调情形下出现。原型因而成星座状，以一种秩序的模式呈现出来（该模式像一种刻成四份的十字架或圆圈心理学，称为'反光镜'），和混乱的精神状态重叠，使每种东西各自归位，精神的混沌便被有保护作用的圆圈钳制住了……"

在这个层面上说，"曼陀罗"不仅仅是一种表达方式，它也像澳洲原住民的武器"飞去来"一样，会反转回来给绘画者以强大的影响，产生某种反作用力。不过，荣格也清醒地认识到，并没有彻底消灭痛苦的可能性。他认为欢乐和痛苦，代表着欢乐的另一面。他说："人们必须面对痛苦的问题，东方人试图通过摒弃痛苦来摆脱痛苦，西方人则试图以药物来抑制痛苦。是的，痛苦必须被克服，而克服它的唯一方法就是忍受它。"这就是说，当一个人能够理解他的痛苦是因为什么而引起的，当他理解这些苦难的意义以后，他能够忍受苦难的幅度之大令人瞠目结舌……

当看到这种表述的时候，我想起了无数的革命先烈。当他们身陷囹圄，遭受严刑拷打坚不吐露机密不做叛徒的时候，他们是怎样的心理过程？当江姐的指甲都被楔入竹签子的时候，是什么激励她忍受这种非人的折磨？只有一个解释，就是勇士们充分明白这种苦难的意义，就是以一己的痛苦，换来普天下的幸福。荣格接着说："心理治疗的主要目的，并不是使病人进入一种不可能的幸福状态，而是帮助他树立一种面对苦难的、哲学式的耐心和坚定。"

荣格从生理学上的进化出发，认为正如人类的身体有其历史一样，人类的心灵也有其历史。他说："我们的心理有一条拖在后面的长长的蜥蜴尾巴，这条尾巴就是家庭、民族、欧洲以及整个世界的全部历史。"自远古以来无数次重复的祖先经验，积淀在人类心理的深层，这就是不依赖于个人经验的"集体潜意识"。

基尔希在《荣格学者》一书中提到："在所有的亚洲国家中，荣格对中国的心理学、哲学和宗教最感兴趣……荣格深受古老中国智慧的启发，分析心理学与中国文化之间存在着历久弥新的深切联系。"

荣格的这种认真执着使他在《易经》中获得了重要的启发。荣格用"共时性"来解释《易经》的灵验，"共时性"通俗地讲就是有意义的巧合，一些很不可思议的事情好像都同时发生了，这些事件其实是有心理上的关联的，是一种内心感知的事件与外界现实相呼应，即内心的预感变成了现实，这就是最常见的一种共时性现象。从这个意义上讲，我们常说的“心想事成”也包含着共时性的颗粒。

荣格曾经学习汉字，把汉字当作一种可以触摸的可读的原型。他喜欢在石头上雕刻，甚至在纪念妻子爱玛的石头上，也用汉字刻着：“她是我房屋的基石。”而他所刻的最后一块石头上面有一个中国老人的头像，两边是银杏树的叶子，还有汉字刻成的“天人合一”。据说荣格去世前所读的最后一本书，也是关于中国禅宗的书。

现在，绘制自己内心的曼陀罗，已经成为人们探索自己内心世界的一个好方法。既然荣格在这个过程中大悟大彻，那么，咱们也不妨尝试一下这个过程。

这个过程通常可分为两个部分。咱们先从第一部分说起。

既然是绘制曼陀罗，第一步，当然是要选定好绘画的材料。大家千万不要以为这要像正式拜师学画一样，十分的隆重。完全不是这样的，你尽可以随自己内心的想法，任意选择纸张、泥土、石头、木材、布……使用任何一种你喜欢并顺手的材料，来绘制属于自己的曼陀罗。地方和材料的大小也完全不拘一格。我听到过一位朋友，她用一把米，在地板上撒制了自己的曼陀罗。

第二步，当然是要选一个理想的环境。不需要多么豪华，也不需要多么一尘不染，甚至也不必考虑光线，不必顾虑是白天还是晚上抑或深夜。只有一个要求，就是要保持安静，选择一个使你至少有一个小时不会被打扰的地方。这个地方，要能让你平静、专注且舒适地完成自己的作品。

第三步，我们就进入到关键的步骤了。你静下心来，聆听内心的声音，一挥而就地开始作画。唯一的要求是不要停下来，不停地画下去，直到你觉得心中的所思所想都倾倒在你的“画布”上，你觉得“完成了！”这才停下笔来。

注意啊，在这个过程中，不要去花心思考虑该选什么颜色、画什么图案等技术性的细节。这些是完全不重要的，请你凭着内心顽强的直觉开始画圆，并在圆内开始着色及画图。

当这些都完成以后，你将进入第四步。

这第四步就是定出你的曼陀罗的适当位置。仔细端详你画好的曼陀罗，从各个角度全神贯注地注视这幅图，重新定位出你心中觉得最恰当的方向，并标示出上面的位置。

第五步比较简单了，就是注明你创作这幅曼陀罗的日期。

第六步，比较弹性。可以有也可以没有，悉听尊便。就是如果你在画完第一幅曼陀罗之后，还意犹未尽的话，你可以不停地画第二、第三……幅曼陀罗，直到你的内心得到完全的满足。

好了，现在第一部分的任务就完成了，我们进入到第二部分。这第二部分的主要任务是——解读你的曼陀罗。

另外找一个本子。注意啊，不要随随便便用几张纸来充当记录的功能。要选一个可以长期保存的本子。在这个记事本中，第一步是先为你的曼陀罗命名。你可以起个简明扼要的名字，例如“混乱”；也可以起个更富于诗意的名字，例如“百花盛开”。总之，这是你的自我展现机会，不要考虑你起的名字美不美或是是否贴切。总之把你的第一直觉命名的名字写上就是了。

第二步，请逐一列出你的曼陀罗中使用的颜色，然后写下对各色彩的联想。这些联想包括由主色开始到最细致的颜色。需特别注明你所画的圆的颜色。

然后进展到第二步，就是展开你的想象，从你所使用的色彩中，自由地联想有关的词汇、感觉、影像、记忆等。比如你用了红色，你联想到血液、火焰、切开的西瓜、疼痛的感觉，还有小的时候，看到一地被风雨摧残打下来的花瓣……

第三步，是列出你的曼陀罗内的数字和图形。你一共画了几层？都是些什么图形？

第四步，就是按照你这幅曼陀罗的名字和所衍生出的联想，用几句话表达这幅曼陀罗的主题，并尽可能详尽地记录在记事本中。

现在，你的曼陀罗基本就完成了。

你可能要说，它能起到什么作用呢？一般来讲，经过上述种种步骤，通过自我情感和想象力交织作用而泼墨画出的曼陀罗图案，再经过大脑有意识的整理和思考，比如进行的那些命名、联想和表述及记录，你就对自己的潜意识进行了一番探索和解读。持之以恒地坚持，你就可以比较明白潜意识中所隐含的复杂记忆和信息，对自己有了比较清楚的了解和把握。

历史上，只有极少数的灵魂拥有宁静的心灵，并能洞悉自己的黑暗，我们尊称这些人为先知和圣者。其实，通过一定的探索和修炼，这种境地也不是我们普通人完全不可能抵达的彼岸，起码可以部分地抵达吧。绘画自己的曼陀罗，是一个很好的方法，不妨一试哦。

与书共舞　刘心武

我的生命史，从某种角度说，便是一部伴书而度的历史。先是老师教我认字，读书，然后从读老师指定的书，发展到读自己选择的书；喜欢的书，成为灵魂的朋友，不喜欢的书，如遭逢乏味的旅伴；当然也曾读过骗人的书，那就像生活中遭遇过扒手，虽然扫兴，却并不会停顿前行的脚步一样，还是继续地读书……后来自己教过学生读书，又试着写书，还参与编书，当然也就读了更多的书……这期间，泡书店、逛书市，买书、藏书，自然都是我生命流程中的璀璨珠串。

不可一日无书，不管什么书，翻翻总是有益的。无聊的书呢？坏书呢？我当然不会怂恿心性尚未成熟的少男少女去翻。但于我，以及像我一样的成年人，我觉得唯有翻过，才能做出判断：这本书究竟有没有价值，大约有几分价值，是正面价值，还是负面价值(即可否充当“反面教员”)，或者两方面的价值互见、杂糅……如今世上的书实在太多，有真价值、正价值、高价值的只占很小的比例，所以，一旦获得，真是“如获至宝”，那就要精读、细品。而在读这样的书的过程中，我们的灵魂该是多么的欣悦！对于那些既无正面欣赏价值，亦无负面参考价值，连消遣消闲的作用也谈不上的书，我只好将其视作“文字垃圾箱”，一旦做出判断，必嗤之以鼻，并掩鼻而去！

我取各种姿势读书，在各种情境中都见缝插针地读书。躺在床上读书，是我最多见的姿势。说来也怪，我卧读了几十年，眼睛并未因此读坏，脖颈亦没有读歪，而收获是大大的，真是“大珠小珠落心坎”，快乐无涯。所以我曾著《卧读记快》一文，大抒其情。再者，我每天如厕，是一定要手持书报的。你算算看，光这样的阅读，一生中加起来就有多少次，累计多少时间，排出的是废物，而由眼入心的，多半是有益、至少是有趣的信息，所以千万不要轻视“厕读”。旅行中，也不要辍读。我曾好几次住进外地招待所，临睡时，忽然感到不妙，因为竟忘了带书，或虽带了书却一时不能方便取出，于是，我便从桌上拿起摊开的台历，那台历的每页日期的背面，全有文字，多半是百科小知识，那不也是一本书吗？我便津津有味地翻读起来，居然又一次证明了“开卷有益”的古训。比如说，关于若干食疗的配方，我就是从那样的阅读中获得，牢记心中，并曾在家中实践过，取得过实效的。

我现在当了作家，自己写书，累计起来，总有五六百万字了，最近还出了八卷文集。我当然希望有人读我的书，不敢说我的书写得有多么好，但我的写作态度是严肃认真的。自己觉得幽默感在不断提升，文字算是比较规范、干净的吧。我近年的小说创作比较注重人性探索，凝聚着比较浓酽的终极思考，比如：我是谁？你是谁？他或她是谁？活着的意义是什么？死亡究竟是怎么回事？何谓灵魂？个体生存与群体生存如何协调？人类生存发展的根本意义究竟何在？……显然，我是一个比较耽于理性的作家，我写的这种书，会有人喜欢吗？我现在不在书里提供答案，因为我实在还没有找到答案，我只是通过活生生的人物的生命体验，在执着地探究，读友们愿与我携手同行，一起探究吗？

读书，写书；写书，读书。我说是与书共生，有人说我简直是与书共舞，好吧，我就搂着书这个舞伴，不停地跳下去。这是我的幸福，也是我的宿命。

读书无用论

洪晃

有一次，一个女主人在一个大型晚会上精心安排一对男才女貌坐在一起，想让他们邂逅一下。男的给女的让了座，然后问道："你是做什么的？"

女的非常自豪地亮出世界名牌市场总监的头衔。

男的说："噢，你是卖包的。"

"那你是干什么的？"女的反问。

"我是哈佛商学院教授。"男的非常自豪地自我介绍道。

"噢，"女的说，"不就是个教书的嘛。"

这一晚上，男的再也没跟女的说话，女的再也没看男的一眼，女主人也悄悄跟我们发誓，再也不乱点鸳鸯谱，吃力不讨好。

过了一个星期，女主人接到教授很沮丧的电话，他汇报道，冤家路窄，他居然和"世界名牌"同一个航班去上海，名牌总监当然是浑身名牌进了公务舱，而名牌大学教授却灰溜溜地坐到后面的经济舱。教授说，他太受刺激了，将来他养了女儿，一定不让她念书，让她卖包去。

从那以后我一直在考虑两个问题，一个是读书是否有用，二是我到底算不算一个读书人。我在大学里面是个不好不赖的学生，所有成绩都是良+左右，刘索拉说她在音乐学院读书的时候和我一样，所以有个“良上君子”的美名。

工作以后非常忙，没时间抱着书本瞎看，但是又特别怕别人看出来我不读书，所以就养成了看书评的好习惯。《纽约书评》是我的秘密武器，不仅知道很多书的内容，还偷了很多大腕的观点，在鸡尾酒会上绝对可以装大孙子了。就比如《世界是平的》这本书出炉后，好多朋友是真的一页一页、一个字一个字地看了，我就看了一眼书评。在一个非常大尾巴狼的派对上有人聊起这本书，我很随意地说，世界要是平了，那共产主义就到来了。旁边的人都觉得我很深奥，除了看过《世界是平的》还研究过《共产党宣言》。给大家留下了良好的读书人的印象。而事实上，这是书评上看来的观点，我就是巧妙发挥了一下，我根本不知道我在说什么，还好话题很快转移到如何在北京炒房地产，不然我这伪读书人就露馅了。

我年轻时候认识一个读书非常多的男孩子，他很刻意地不修边幅，瞎子都能看出他是个知识分子。他随时随地在看书：马桶、床头就不用说了，他能做到坐车看书从不晕车，做爱看书照样高潮，可以说练了一身看书的功夫。这人现在得有五十多了，最近听说他从写自己的书堕落到给老板写传，从被两三个比他小的女生伺候，到伺候一个比他大十岁的老女人。我已经多年没有见到这个人了，但是如果这些都是真的，那读书的长期效益还是值得怀疑的。

我老觉得这盲目的读书没啥用，看完书倒背如流是知识消化不良的表现，就跟吃了一顿大餐以后抱着马桶呕吐一样，那营养没吸收进去。那一天到晚嘴边挂着名人名言的大概都是有消化问题的人。

至于卖包的和教书匠的故事，最近听说他们又邂逅一回，还是在飞机上，都在头等舱。教书匠拿到终身职位，因此也开始穿戴国际名牌了，而卖包的去上了个EMBA，回来也升为品牌经理了，两个人在飞机上聊得非常投机。

书中自有酒香来

刘心武

《三国演义》第二十一回，曹操把刘备邀至亭中，盘置青梅，一樽煮酒，二人对坐，开怀畅饮，“青梅煮酒论英雄”，钩心斗智，互佩互嫉，构成小说中一个著名的情节，后来又被搬上戏曲舞台，近年更有电视连续剧再现此事，脍炙人口，老少咸知。但那煮酒究竟是怎样的酒？罗贯中写小说，重墨粗线，对生活细节，往往一带而过，“三国”故事里频频喝酒，关于酒的具体说明，第二十一回算是突出的了。《水浒》屡屡写绿林好汉们“大块吃肉，大碗喝酒”，像景阳冈前酒家“三碗不过冈”的劝告，智取生辰纲时所使用的下了蒙汗药的酒，都构成小说中的关键“扣子”，可谓“无酒不成书”，但那些酒究竟是怎样的酒？也语焉不详。电视连续剧《水浒》里，把智取生辰纲时下蒙汗药的酒，表现为无色透明的形态，似乎有如今天的白酒，引起了质疑和批评。因为倘若是蒸馏而成的白酒，哪怕是低度的，也不会让炎热中唇干舌燥的人们觉得可以祛暑解渴，想必那时常见的酒只是粗酿的米酒，酒精度很低，含水量很大。实际上小说所描写的宋代，也还没有蒸馏酒出现，至少还很稀罕，工艺还不过关，唐朝白居易有句“烧酒初开琥珀光”，到宋时被称为“烧酒”的酒也还是这种颜色，直到元代，无色透明的蒸馏酒才流行开来。宋时武松、李逵他们喝的米酒多半浑浊，需用生绢筛去未净的酒糟，所以进了酒肆，吆喝酒保“筛酒来”，而这样的酒，也适合大碗大碗地喝。倘是今天白酒那样的酒，就毋庸筛了，而且酒量再大，也不能论碗，而要一杯一杯地浅斟深饮。

《红楼梦》被称为“中国古典文化百科全书”，但就写酒而言，所提到的种类不算很多，突出的有惠泉酒，即用无锡惠山下的“天下第二泉”酿制的米酒；合欢花浸的酒，这是曹雪芹自家祖上就很喜欢喝的酒；“寿怡红群芳开夜宴”鼓捣光的一大坛绍兴酒等。第八回写贾宝玉在薛姨妈那里喝酒，跟李嬷嬷发生冲突，后来喝得烂醉，以至回到自己房里乱发脾气，把茶盅掼到茜雪裙子上，导致茜雪无辜被撵，草蛇灰线，伏延千里，在八十回后，设计有茜雪到狱神庙探望入监的贾宝玉等情节。但究竟所喝的是什么酒？书上只说是“最上等的好酒”，恐怕也还是米酒、黄酒一类的南方酒。《红楼梦》的故事背景是北京，但贾府来自金陵，因此贾家的生活习惯南北混杂。在饮茶上，比较北方化，不嗜好绿茶。贾母到了栊翠庵，怕妙玉给她绿茶喝，道："我不吃六安茶。"妙玉早掌握了她的口味，献上的是老君眉，属于红茶或白茶的体系。在喝酒上，则似乎保持南方习惯较深，比较喜欢黄酒。《红楼梦》写酒的品类不多，写酒具却很细致生动，比如琥珀杯、金银爵、乌银梅花自斟壶、十锦珐琅杯、黄杨根整抠十个大套杯等，还有大量写不同场合的不同饮酒方式的文字，有很浓厚的酒文化气息。

不过，古典小说中写饮酒细节最丰富生动的，还是《金瓶梅》。该书里提到的酒，品类繁多，不仅有南方的黄酒，北方的烧酒，还有西洋传入的葡萄酒，以及药酒。有的酒如今似已罕见，如"羊羔美酒"，据说制法是用米一石，如常浸浆，嫩肥羊肉七斤，曲十四两，杏仁一斤，同煮烂，连汁拌末，入木香一两，同酿，勿犯水，十日熟，酿成的酒极甘滑爽口。再如茉莉酒，制法是用三两白酒，或雪酒色味佳者，不满瓶，上虚二三寸，编竹为"十"字或"井"字，障瓶口，以新摘茉莉花数十朵，线系其蒂，悬竹下令齐，离酒一指许，贴纸封固，旬日香透可成。书中还提到宫廷内造酒、艾酒、河清酒、木樨桂花酒、竹叶青酒、菊花酒、豆酒、雄黄酒，等等。该书成于明朝，托言宋事，因此里面人物的饮食习惯不但与今时大异，与《红楼梦》里的描写也很不一样，比如里面的主人公西门庆，他最喜欢的，也是当时一般人认为最好的食物，是鹅肉，宴席上要“鹅为上，鹅为先”。而最喜欢喝的酒，是金华酒，当时婚丧嫁娶、探亲访友时的馈赠品里，金华酒也是常备之物。这金华酒由谷类酿成，色黄味醇而微甜，但并非现在我们饮用的黄酒，据说这种酒在明嘉靖时期风靡一时，后来不知为什么忽然衰落，以至渐被淘汰，酒也有其“宿命”吗?

中国到处出酒，究竟哪里的酒最好？其实只要自己喜欢，不管别人怎么说，那就是好酒。据说战国时期，楚会诸侯，鲁赵皆献酒于楚王。主酒吏求酒于赵，不予，吏怒，乃以赵厚酒易鲁薄者奏之。楚王怒，遂围邯郸。故有“鲁酒薄，而邯郸围”一说。古时待客送礼谦称自己的酒不好，即说“鲁酒”。《金瓶梅》写的是山东故事，却也用了此典。不过由此见得，楚人是很会品酒的，现在湘泉酒的口碑越来越好，是否与当年的这个典故有关呢?

“红学”是学术还是“皇帝的新装”？ 唐山

250年前，当曹雪芹在饥寒交迫中告别这个世界时，恐怕做梦也不会想到，有一天他的书居然支撑起了一个产业。

根据一本小说，我国目前每年生产出三四百篇学术论文，过去的近一个世纪里，我国涌现出著名“红学家”多达百余人，几乎所有的文化大师都曾参与到“红学”争论中，其中两次重大争论给中国社会留下了深刻的影响。

环顾宇内，这是莎士比亚、托尔斯泰等文豪从未曾享受过的殊荣。

革命者想让贾宝玉当总统

“红学”一词的起源，见于均耀的《慈竹居零墨》等。华亭朱子美先生昌鼎，喜读小说。自言生平所见说部有八百余种，而尤以《红楼梦》最为笃嗜。精理名言，所谈极有心得。时风尚好讲经学，为欺饰世俗计。或问：“先生现治何经?”先生曰:“吾之经学,系少三曲者。”或不解所谓。先生曰:“无他。吾所专攻者,盖红学也。”

后来徐珂将其收入《清稗类钞·诙谐类》中。并注解说明,“红学”系生造词,以讽刺当时“经学”蜕变成“曲学阿世”的工具。而繁体的“經”字去了三个曲折,就是“红”字。

清中期以前,士林多持华夷之辨,为自证统治合法性,清廷力主“三统说”和春秋公羊学,强调清代明并非以夷乱华,而是天道循环、天命所归。经学在传统学术中原本地位崇高,政治公然踏入,学者人人噤声,只敢做些考据、训诂之类的小学问。所以朱子美故意推崇更等而下之的小说,以表达他的不屑。

由于《红楼梦》艺术成就极高,当时确实也有人研究它,但止于“家置一编”“开谈必说”“几挥老拳”而已。直到清末,“谈红”都被认为是一种归隐的方式,所谓“不谈新学谈红学”。

戊戌变法失败后,《红楼梦》地位陡升。

变法失败让人们丧失了通过政治手段富国强兵的理想,转向寻求社会手段,小说读者群大,有宣传价值,梁启超远避日本后,力主“文学救亡”,畅言要在诗界、文界、小说界中搞“三界革命”。

梁启超明确提出："欲新一国之民，不可不新一国之小说。故欲新道德，必新小说；欲新宗教，必新小说；欲新政治，必新小说；欲新风俗，必新小说；欲新学艺，必新小说；乃至欲新人心，欲新人格，必新小说。"

梁启超及梁派对《三国演义》《水浒》等传统小说均持激烈批判的态度，意外的是，《红楼梦》却成了少有的、受到肯定的传统小说。

一方面，《红楼梦》在日本颇受尊重，作为在异乡饱受歧视的漂泊者，总算有一个被人家看得起的东西，即使不太明白为什么，也会格外珍惜；另一方面，他们与《红楼梦》中所表达的情绪有相通之处。

不过，改良者和后来的革命者们并不是从文学角度来认可《红楼梦》的，比如陈蜕就说："《石头记》一书，虽为小说，然其含义，乃具有大政治家、大哲学家、大理想家之学说，而合于大同之旨。谓为东方《民约论》（指卢梭的《社会契约论》）。"他认为，贾宝玉是现代公民的典范，"可以为共和国民，可以为共和国务员，可以为共和议员，可以为共和大总统矣"。

让贾宝玉当总统，这还真不是说笑话。

为什么革命者会与贾宝玉心心相印呢？因为在传统社会向现代社会转型中，心理迁移至关重要。

传统社会人们之所以服从，是源于对父权的无条件敬畏，历代帝王莫不大力提倡孝道，皆因可以移孝作忠。由于孝与人类天然的心理需求契合，这就为专制提供了“自然合法”的前提。革命者要推翻帝制，往往从颠覆孝道开始。

这就是为什么，革命时期的小说大多热衷于描写一个坏父亲，他自私、怯懦、残暴、无原则，经常被妇人之言所蒙蔽，因此不值得尊重。法国大革命前10年间，法国社会出现了大量色情小说，多以玛丽皇后为女主角，作家们试图告诉大众：她早已放弃了母亲的身份，她只是一个荡妇，而被她左右的法王，自然也就不再有做万民之父的资格了。

在小说中杀死父亲，可怎么弥补由此带来的价值真空呢？

于是，“同伴爱”“伟大的友谊”被夸张了起来，它圣洁、单纯、无私、坦荡，远比父子之爱更浪漫，那些潇洒而自信的老大哥们挥舞着信仰与意识形态的大旗，引导着迷茫的人们走向未来。

有趣的是，贾宝玉果然有个凶神恶煞式的老爹，此外居然也有蒋玉菡等江湖同道，他和林黛玉的关系也颇似“同伴爱”，于是，《红楼梦》意外地触摸到了百年后改良者与革命者的软肋，成了他们的心灵鸡汤。

清代改编《红楼梦》的戏曲目前存目的有10种，而民国时仅改编《红楼梦》的话剧就有20多种，其中民初尤多。也正是从这时开始，宝、黛的形象渐渐变成了反封建战士。

胡适手创“红学”又反悔

让“红学”走进学术殿堂，是胡适的功绩。

胡适研究“红学”，始于《新青年》内部两派分裂，胡适出局后转向“整理国故”，并于1921年出版了《红楼梦考证》第一稿，引发轰动。

胡适率先将西方“考据学”的方法应用到“红学”研究中，此前百余年，《红楼梦》虽流行，但人们对作者身世等信息却不甚了了，也很少关注10多个手抄本间的异同。胡适的工作毫无疑问是划时代的，使“红学”研究从发烧友的层面上升为学问。

然而，胡适的研究也颇有值得推敲之处。

首先，过于机械：胡适坚信《红楼梦》是曹雪芹的自传，甚至到了无视小说艺术规律的地步，有很多想当然的硬解。

其次，以伪证真：胡适许多研究成果基于“甲戌本”

和“庚辰本”，“甲戌本”于1927年在上海被发现，胡适先生买去后，独占30多年没有公开，他称“此书是海内最古的《石头记》钞本”，不肯更多透露书中内容（其实向周汝昌等人公开过），可越来越多的证据表明，“甲戌本”和“庚辰本”是书商做出来的伪书，胡适很可能已经看出来了，却始终不承认，依然引书中内容作为论据。

胡适在关键问题上曾作伪，他自称哥伦比亚大学博士，但1917年他虽通过口试，却没按校方规定提交100份论文复印本，直到1927年补交后才正式成为博士，可他1917年回国时却自称博士，蔡元培给他的书写序时也称他为博士，胡适坦然受之。后来唐德刚曾问过胡适这件事，胡适承认有假，但支支吾吾，不肯透露细节。

学历上作伪，研究上自然难免嫌疑，令人奇怪的是：为什么胡适要匆匆忙忙去研究《红楼梦》呢?

胡适介入“红学”，经过了很深的权衡。

清亡民兴，以经学为代表的传统学术被抛弃，在西学独尊的格局下，人们内心充满恐慌感。本土文化价值何在?靠什么来支撑我们的自信? 这是迫切需要回应的问题。

四书五经过时了，必须重建文化地标，学者们只能寻找其他的文化资源。在现代民族国家建构过程中，德国也采取过类似的思路，贵族文化失败后，学者们便将市民社会中守时、诚信、勤奋、敬业、沉默等价值观夸张起来，通过教育、宣传等方式，打造成新的国民性。

小说属于市井文化，在西方属显学，既往又乏研究，这吸引了许多有“文艺复兴”情怀的民国学人的关注。

胡适重视《红楼梦》不是没理由的，因其在知识圈内影响较大，不论是旧式学者，还是半吊子的留日生，乃至留美生，都对该书感兴趣，是传统文化中最有可能形成共识的一本书，把握这个话题能使个人影响最大化，强化自己的学术地位。

胡适的研究令《红楼梦》系统化、学说化，成为新的文化经典，确实填补了时代的心理空白，但正如唐德刚先生所说，“他的‘中学’止于乾嘉，‘西学’亦未超过赫胥黎、杜威二人”，“西洋史学亦非胡先生之所长”。胡适自称用西方“考据学”方法来研究《红楼梦》，其实颇有虚张声势的成分。

胡适极为看重自己在“红学”方面的成绩，去世前仍念念不忘，引为平生最重要的学术贡献之一。

然而，胡适并没能厘清“红学”定义，“红学”与文学、史学、考据学等学科的区别是什么，始终比较模糊。其优点是各家都能发表见解，外行亦容易进入，缺点是缺乏系统性与规范性，容易走向汗漫无边。在“红学”后来的发展中，这个天然缺陷暴露无遗，形成了两个突出的问题：

首先是抄袭严重，观点循环。把几十年前的东西重新讲述一遍，即为新论文，且有些观点反复出现，比如“索隐派”，清末时曾比较流行，以后被胡适等学者推倒，可刘心武等人的“研究”突然又回到了传统的老路上。

其次是派系林立。由于材料本身不足，各家如盲人摸象，只能执其一端，使学术研究成了用逻辑组织材料的游戏，观点越怪，越容易引发轰动效应，由此造成摩擦，带来种种误会和纠纷。

胡适晚年对“红学”的看法很矛盾，多次批评《红楼梦》是一本劣作，反对年轻人钻研“红学”。与之相对照的，是当时在大陆“红学”地位空前尊崇，与“鲁（鲁迅）学”并称显学。

政治让“红学”走上神坛

“红学”跨出学术小圈子，进入政治领域，始于1954年10月16日，这一天，毛泽东撰文公开支持两位年轻人（李希凡、蓝翎）对俞平伯的学术批评。

对于毛的批评，俞平伯深感意外。俞平伯虽是胡适高足，但思想左倾，他的两位弟子乔冠华、胡乔木此时已任中共高官，在1953年出版的新作中，俞的“红学”观点有了很大改变，刻意用马克思主义理论重新解读《红楼梦》。表现如此积极，竟然未能过关。

从“后见之明”看，选择《红楼梦》为切入点，确实棋高一着。

第一，经清末与民国的积累，《红楼梦》在知识界中影响与日俱增，几乎所有文化大师都曾评价、研读过这本书，使之成为思想的高地。换言之，谁把握了《红楼梦》的解释权，谁就垄断了知识界的影响力。

第二，1952年以后，知识界运动不断，但毛泽东认为效果远远不如预期，在批判《武训传》《清宫秘史》的过程中，他发现知识界表面附和，但许多人心中却不以为然，故意拖延推诿，使批判流于形式，为从根本上改造知识界，迫切需要一个新的批评题材。

第三，胡适在当时大陆学术界仍有较大影响，俞平伯是胡适的弟子，批俞可以将战火自然延烧到胡适头上，毛泽东在批评俞平伯的文章中，明确指出“这就是胡适哲学的相对主义即实用主义”，并表示“看样子，这个反对在古典文学领域毒害青年三十余年的胡适资产阶级唯心论的斗争，也许可以开展起来了”。

1952年，全国媒体发表的“红学”论文仅有5篇，1953年是10篇，而1954年竟达284篇，1955年亦有188篇，1956后论文数量又迅速减少，基本恢复到论战前的水准。

“论战”以极为滑稽的方式展开。许多人在批评俞平伯时根本没看过他的文章，郭沫若就公开写道：“俞平伯先生的《红楼梦研究》，我一直到现在都还没有看过。”李希凡、蓝翎的批评也主要针对俞在20世纪20年代出版的一本书，根本没注意到俞平伯的观点变化。“论战”过程中，李、蓝在有关部门的督促下，突击赶写多篇论文，质量令人难以恭维。

对俞平伯的大批判，让另一位被胡适视为弟子的周汝昌深感恐惧，他也撰文批评俞：“胡适之、俞平伯一派的‘红学’家，却竭力企图把《红楼梦》化为一个小把戏，引导读者钻向琐碎趣味中去，模糊这一伟大古典现实主义名著的深刻意义。”“假如俞平伯不是站在封建‘主子’一边，如何欣赏赞叹这些知‘恩’知‘义’的奴才的‘犹知慰主’呢？”

运动后期，成了集中火力重点攻击胡适，郭沫若、袁水拍等纷纷撰文参与，称胡适为“美帝国主义的走狗”“买办学者”“数典忘祖的奴才”“武断家”，形成了几百万字的《胡适思想批判》，厚达八卷。1957年，大陆为了与台湾争夺胡适，曾派人向旅居美国的胡适说：“我们尊重胡先生的人格，我们反对的不过是胡适的思想。”胡适回应说：“没有胡适的思想就没有胡适！”

胡适认真阅读了《胡适思想批判》，并做了很多批注，对沈尹默的批判，他写道：“全篇扯谎！这人是一个小人，但这样下流的扯谎倒罕见的。”对王若水的批判，他写道“我读了毛骨悚然”，这些话不知“可以陷害多少人，可以清算多少人”。

这场批判几乎没怎么提及“考据学”的方法，完全以立场替代学术，无怪乎俞平伯不服气，说：“他们说宝、黛二人有煽动性的叛逆性格，捧得太过火了，这不符合历史的现实。”“如果真有，贾宝玉应该参加革命去了。”

政治“红学”大大改变了传统的《红楼梦》解读方式，它从“爱情小说”突然升格为“政治小说”，主题也变成了反封建。决定宝、黛爱情悲剧的不再是命运，而是封建主义，贾宝玉与林黛玉的爱情基础也被解读成他们有共同的政治理想。

《红楼梦》中确实包含了世情的内容，但把贾政说成是孔老二，把史太君说成是贾府封建势力的总头子，把探春说成是改革家，把柳湘莲说成是潜在的农民革命领袖……这些观点实在有些匪夷所思，如果《红楼梦》的主题真的只是想鞭挞封建社会，则史湘云、妙玉、王熙凤等形象又该怎么解释?

轰轰烈烈的论战硝烟尚未散尽，李希凡等人便因此升官，这让一些学者发现：“红学”也是一条终南捷径。由于“红学”研究本身欠缺清晰的学术边界，门槛相对较低，故“文革”时甚至出现了“工农兵红学家”，人们参与其中，并不完全是出于对这部伟大作品的敬意，而是想利用“红学”来争取更多的资源。这进一步推涨了党同伐异、恶语相向等负面行为，遗憾的是，随着政治“红学”的式微，谩骂式批评并未因此而退场，直到今天，它依然广泛存在。

政治“红学”带来的意外收获是《红楼梦》迅速走红。1962年，俞平伯校注的《红楼梦》印数已达14万部，而当年《毛泽东选集》才印了5万部。

1962年，越剧版《红楼梦》被搬上银幕，立刻轰动全国，以后又几次重拍，这使《红楼梦》的影响力空前扩大。

1973年10月，毛泽东说《红楼梦》是思想和艺术结合得最好的一部古典小说，提议干部要多读几遍。并说《红楼梦》不是爱情小说，谈情是为了打掩护，主要是写阶级斗争的。由此启动了1974年全民“评红”运动，它与“批水浒”运动交相辉映，是对1971年发生的“林彪事件”的反思与总结。然而，当时《水浒传》属于半禁书，传播受限制，普通读者不易看到，《红楼梦》却可公开销售，因此它成了受益者。据估计，新中国成立以来，《红楼梦》在大陆的总销量达1亿册。

《红楼梦》写的是贵族生活，随着士人阶层的崩溃与消失，今天读者已不易读懂其中内容，“阶级斗争说”的优点是便于理解，但从“阶级斗争”的角度理解《红楼梦》，则不少篇章就显得毫无意义，成了败笔。

政治“红学”的积极作用是在公众心理中，奠定了《红楼梦》的崇高地位。在大陆，其影响一度超越了四书五经，超越了唐诗宋词，成为中国文化的最大代表，几代读者靠它完成了自我启蒙，《红楼梦》融入到他们的人格与尊严中。

过分的洁癖、性与爱分离、自恋且敏感、对美人缘的渴望……贾宝玉虽没当上大总统，可他的志趣却潜入到人们内心中，影响了其观念与行为。在农耕时代，这种贵族文化具有巨大的诱惑力，超越了农夫们想象的边界，可它能否与现代化相协调，能否回应现代人的心灵困惑呢？客观地说，显然很难。

政治“红学”的消极作用是，《红楼梦》不再被认为是一本小说，而是经典，它没有瑕疵，没有缺陷，没有局限性，普通人只有发现它精妙的权力，没有批评它的权力，可人类历史上，哪有这样一本尽善尽美的小说呢？

《红楼梦》被过度解读的最大弊端在于，遮蔽了其小说性的一面，在审美解读上，后人很少再能达到王国维的水准，大家只想学习与模仿《红楼梦》，不想如何突破它与超越它，其结果就是百余年后，我们居然再也拿不出同样优秀的小说了。

“红学”，一个值得反思的模板 唐山

从爱好，到学术，再到政治，“红学”堪称是百年中国学术建构的一个模板，体现了传统与现代、东方与西方在学术与文化层面上接合之难。

近代以来，国人普遍带有“中学为体，西学为用”的心态，所以当他们面向世界时，不能脚踏实地去深入学习人家的体系，而是只想获得解决方案，只想短平快地“超越”对方。其结果是，中国几代留洋学人在学术成就上都无法与自己的老师相提并论，而他们拿回来的方案，在本土即使曾繁盛一时，最终也会陷入窘境。

对比中日的现代化之路，日本力求“原汁原味”，中国力求“化洋为中”。以情人节为例，日本人严格照抄了西方传统，以女孩给男孩送礼为主，而中国则形成了独特的习俗，是男孩给女孩送礼。这种细微的差别、错位与模糊，一旦体现到高端学术上，很可能造成截然不同的后果。

“红学”是不是学术？表面看，它有学术的方法、框

架与成果，然而，正如傅国涌先生指出的那样："西方人研究星辰、人体、杠杆和化学物质，中国人则研究书本、文字和故纸堆。生也有涯，知无涯，这个世界上有多少真问题值得人们去关注，有多少真学术值得人们熬断青丝去追求、去探索……把宝贵的精力、时间和资源耗费在虚无缥缈的'红学'中，难道不是难以估量的浪费吗？"

"红学"的最大问题是容易沉入建构理性中，在无法实证的基础上，任何假设都可以提出，可以不断翻出新的花样，但这并不是学术进步，而是学术泡沫。

"红学"之所以有魅力，在于它的背景材料丰富而不完整，《红楼梦》是不是曹雪芹写的，至今尚存争议，可这个问题是靠讨论就能弄清楚的吗？靠把现有的材料重新排列组合一番，就能发现真相吗？

但，这个争论会给人以虚假的逻辑快感，在没有强证据支持的前提下，这个争论本身没有任何意义，无非是不断在重复着伪命题。

这种书斋里的讨论其实是传统学术的方法，古代西方有经院哲学，古代中国有经学等，往往是屋上架屋，它们创造了大量虚假的知识，可从本质上，却是反科学反进步乃至禁锢思想的力量。

为什么这种落后的学术方法会成为显学呢？因为有权

力的春药在背后催情，一方面可以满足领导人个人爱好，另一方面可以成为统治工具。

表面看，“红学”目前养活的学者并不多，除了一个小型研究所外，其他的都在体制外运行，属于松散的社会自组织。而“红学家”大声疾呼，却没能挽救曹雪芹一处故居被毁坏，这似乎能反证“红学”所占社会资源不多。

但应看到，在今天，“红学”是一种分配方式，每年大量发表的“红学”论文背后，是一个个学者完成了学术任务，得以继续享受社会资源的支持，可从这些论文对社会的贡献看，却是效率极低的，往往是把前人观点重抄一遍，或者故作惊人之语，娴熟地玩弄一番“室内实证法”，就算出了成果。

这种关门做出来的学问，不仅降低了社会效率，还会形成种种腐败。在“红学”研究中出现了许多造假行为，以曹氏家谱为例，目前各地发现了数百种，蔚为大观，可这样的“繁荣”是否有价值呢？

与现代学术迥然有别的是，“红学”对多元解读缺乏包容，导致派系林立、恩怨分明。

胡适先生草创“新红学”时，便已将传统学术中意气用事的坏习气带了进来，他曾批评蔡元培“绝无道理的附会”“滑稽”“大笨伯”，好在两人古风尚存，传统考据的刻薄之弊还不至于让他们举止失措。

然而，随着“红学”上升为政治后，情况完全改变。以“新中国红学第一人”周汝昌先生为例，胡适曾说：“周汝昌是我的‘红学’方面的一个最后起、最有成就的徒弟。”在周的研究之路上，胡适给予了无私帮助，然而，“文革”期间周在著作前言中称胡适为“妄人”“风头主义者”（后有人证明此语为责任编辑自行添加，非周汝昌本意），但周确曾在文章中称胡适“大言不惭，贪天之功”“厚颜自恬”，改革开放后，周的书中仍称“胡适臭名昭著的《红楼梦考证》”“简单肤浅得令人惊讶”，等等。

直到晚年，周汝昌写作了《我与胡适先生》，深情回忆了胡适的长者之风，并多次懊悔“年轻气盛”。然而，周汝昌与吴世昌的争论，乃至周汝昌与俞平伯的误会，包括后来周汝昌与冯其庸的分歧，却未能实现谅解。这是无法回避的事实：许多“红学”家反对极左思维，可从文笔到思想方法，却没能脱其窠臼。

“红学”中的学术八卦、人事纷争，体现了其在学术建构上的天然缺陷，从某种意义上看，它还没有超越传统学术的门限。

一本小说即能称学，放在全世界的范围内，《红楼梦》也属凤毛麟角。这说明，只要愿意解读，任何文本都可以无限挖掘。阐释超越了原创，并将大量有意无意的误读强加给前人，结果是曹雪芹从小说家变成了思想家、哲学家、博物家、民俗学者兼名厨。名为揄扬，实为贬低。

划时代的文学巨著应该重视，伟大作品的价值应该传承，但前提是要在开放的环境中，要让读者在多元选择中自己领悟作品的价值。《红楼梦》是一本好小说，但把它关在笼子里，逼着大家必须按自己设定的标签来解读，以劫持曹雪芹为人质的方式推广，必然会将一部好作品彻底糟蹋掉。

多元化固然嘈杂，却能保持生命力；一元化固然方便，却有被彻底毁灭的可能。可以看到，《红楼梦》不断被神话的过程，恰好是中国小说越来越失去个性与精神的过程。事实是，《红楼梦》不仅仅属于学者，它也属于所有人，真正的“红学”应该是人人都有对它的阐释权，每个读者都能用自己的方式来与曹雪芹对话。只有打开封闭的体系，“红学”方能浴火重生。

《雪国》青春　黄涌

“穿过县界长长的隧道，便是雪国了，夜空下一片白茫茫。”这是川端康成《雪国》的开篇。

日本给我第一次带来好感，便是从川端康成文字里读出的。那清冷、平和并略带感伤的文字，让我对这个“邪恶”的异国，有了新的认识。后来村上春树进入了我的视野，还有三岛由纪夫、大江健三郎。

记得还是读中学的时候，大江健三郎摘得诺贝尔文学奖桂冠，报刊上多有对于他的评介文字，但我却总不能深入地阅读他，更多时候，我是通过别人的文字来理解着他；而三岛由纪夫于我，则敬畏有余，热爱不足。大约是因为三岛的那种极端的弃世方式，使我脑海里总联想起小时候在电影里看到的日本军人的自戕，心有余悸。

只有村上春树和我的青春紧密相连。那时，我们整个宿舍都在传阅着他的《挪威的森林》。一位和我颇为要好的同学，常在我面前夸谈书里的情色与感伤。在那个青春的年代，村上和他的故事，总在啃噬着我们年轻的心，让我们于躁动和狂热中感受着青春特有的信仰与爱。

那是在古老徽州大地上的一个荒凉小镇中，我们的青春伴随着村上春树的文字渐渐凝固着。在爱与性的苦闷中，我们畅想未来，撕裂青春。直子、渡边、绿子、永泽还有初美他们的故事就好像发生在我们身边一样，清晰而渺茫，进而渐行渐远。只有死亡，使我们莫名，让我们无端悲戚。无法排遣的孤独，躁动的心灵，无不被那些感伤的文字镌刻成一道道刻骨铭心的伤痕。

十多年后的某一天，当我从旧书摊上重新拾捡起这本《挪威的森林》时，青春业已远遁，一切都烟消云散。而故事发生的地方，正经历着一场人类有史以来从未有过的大灾难——3·11大地震。电视里所呈现出的那些真实的画面，仿佛成了一种祭奠和哀悼。

“献给许许多多的祭日”，是的，当我们的日子成了祭奠的对象，是否就意味着过去业已消亡？而阅读不过是在感念着那份记忆，当它不再忠实于你的过去，是否意味着记忆已不再真实？

在《挪威的森林》一书里，木月用死亡结束了他青涩的年华，而渡边和直子正是从他的死亡里找到了自己存在的方式。结束还是开始？永没有确定的答案。而当直子最终倒在那片亢奋的青春血泊里，皑皑白雪成了读者心中唯一可感念的存在。我们忽然感悟到，死并不是一种结束，而是在寻找另外的开始——正如书中所揭示的那样：“死并非生的对立面，而作为生的一部分永存。”

译者林少华说，《挪威的森林》是对家园意识的伤怀和修复，传达着现代人的焦虑、苦闷、困窘、无奈和悲凉，而这正是《挪威的森林》的全部魅力所在。它是在回瞻的苦痛中透出着几许怅惘，使得那些正在经历家园破碎的人们徒然在追忆中获取一份感念，一份业已失落的情怀，正如普希金的诗：“一切都是暂时的，转瞬即逝，而那逝去的将变得更加可爱。”

《日瓦戈医生》背后的故事

李峥嵘

“这个名字就是战争的代名词！”1958年年底，在苏联作家帕斯捷尔纳克“卑鄙挑衅”表示不接受诺贝尔文学奖后，国内对他的大批判达到了顶峰。

《日瓦戈医生》是冷战时期最为著名的苏联小说，这本“污蔑十月革命”的“反动小说”在西方出版后的第二年，作者帕斯捷尔纳克获得诺贝尔文学奖，此事大大激怒了克里姆林宫，视之为西方世界的“恶毒攻击”。然而此书在苏联批得越臭，在西方越香，其英文版一上市就把“小妖精”《洛丽塔》拿下，登上《纽约时报》畅销榜第一名。在长达30年的时间里，《日瓦戈医生》在苏联一直被禁止出版，几乎没有人知道地下流传的俄文版其实是美国中情局资助的。《当图书成为武器》解开了这一段秘密：在中情局的策划下，俄国流亡者、梵蒂冈牧师、苏联运动员、大学生、游客都参与了偷运图书。扩散行动遍布全球：在阿富汗递给俄国战俘、在伊朗偷偷塞给俄国卡车司机、在加纳利群岛提供给俄国水手……

苏联：被禁止的写作

故事要从1946年说起，斯大林掀起了镇压知识分子运动，诗人帕斯捷尔纳克不可避免地成为一个目标，《真理报》1946年9月9日刊登了一则报道：苏联作家联盟通过一项决议，称帕斯捷尔纳克是“一位缺乏意识形态的作家，远离苏联现实”。同一天晚上，帕斯捷尔纳克在朋友家为听众朗诵他新写的小说开头。这部小说当时还没有名字，写在一包有水印的稿纸上。这稿纸是1937年在肃反运动中被枪决的格鲁吉亚诗人基奇安·塔比泽留下的。帕斯捷尔纳克给塔比泽的遗孀写信说，希望自己的文字配得上她丈夫的纸张。这场“反动地下”朗诵活动早早就被秘密警察注意到了。

因为帕斯捷尔纳克是一个有国际声望的诗人，斯大林指示不要动他，于是他的情人伊文斯卡亚（《日瓦戈医生》中拉拉的原型）成了替罪羊。1949年10月的一天，伊文斯卡亚被抄家、逮捕，经历了一系列剥夺睡眠、关押在停尸房的威逼恐吓，被逼迫招认帕斯捷尔纳克“叛国”，但她始终拒绝在任何谴责帕斯捷尔纳克的文件上签字。她当时怀胎5个月，在折磨中流产了。1950年7月，伊文斯卡亚被指控为“与间谍嫌疑人密切接触”，判决在劳动营服苦役5年。

帕斯捷尔纳克的长子在接下来的反犹清洗中被禁止研究生毕业，并被发配去了边疆。帕斯捷尔纳克熬过了反犹清洗，坚持写作。1955年秋天，他和已经出狱的伊文斯卡亚在散步时说：“你记着我这句话，他们无论如何不会出版这部小说。我已经认定，我得把它传出去，让各色人等都读到。”这一年的12月10日，他宣布完成了小说《日瓦戈医生》。“我找到了所有的魔鬼，还给它们命了名，就是它们导致了几十年来的苦难、惶惑、惊愕和争执。一切都以简单、明了、悲哀的字眼命了名。我还复兴、定义了最亲切最重要的事物：大地和天空、强烈的激情、创造精神、生命与死亡。”

苏联：无法阻止的出版

斯大林死后，赫鲁晓夫上台。1956年2月25日，赫鲁晓夫在苏共一次秘密会议上，作了题为《关于个人崇拜及其后果》的报告。美国中情局搞到了这份文件，并透露给了《纽约时报》。似乎苏联出现了一丝变革的迹象。就在这短暂的时期，一位29岁的米兰出版商，也就是意大利共产党员菲尔特瑞奈利得到了《日瓦戈医生》的原始手稿。菲尔特瑞奈利并不懂俄语，他找了一个意大利的斯拉夫语言文化专家审阅。评语来得很迅速：“不出版这样一部小说等于犯下反文化罪。”

这时《日瓦戈医生》的书稿已经在苏联国家出版社放了好几个月，落了厚厚一层尘土。国家出版社并不打算出版此书，而当他们得知这部书稿已经到了国外，惊恐不已，斥之为“叛国”。克里姆林宫也很快得知了此事，一系列报告汇总到最高层。克格勃拦截了帕斯捷尔纳克和海外的通信，并严密监视他的一举一动。文化部提交的报告把这部小说描述成“恶意攻击十月革命”，外交部利用与意大利共产党的关系，阻止该书的出版。苏联作家联盟高官苏尔科夫甚至亲自到了意大利出版商菲尔特瑞奈利的办公室，威逼利诱了3个小时，从大街上都能听到俄语的吼叫。虽然是意共党员，菲尔特瑞奈利却不肯退让，他说：“我是自由世界的自由出版商。出版这本小说是对苏联文学的伟大叙事作品的致敬。”

《日瓦戈医生》意大利文第一版于1957年11月15日出版，立刻成为畅销书。第一篇书评出现在意大利《晚邮报》的头版头条：“寻找政治诽谤，看到的却是艺术杰作。”

美国：在世博会秘密散布禁书

1958年，冷战已经进入第十二个年头。英美似乎难以遏制苏联在东欧的武力扩张。这一年的1月初，两个微缩胶卷被送到了美国中央情报局华盛顿总部。这是英国情报部门偷拍的《日瓦戈医生》的俄文书稿。这部小说在中情局激起了兴奋的波澜。秘密活动主管弗兰克·威斯纳在一份备忘录中写道："斯大林死后出自苏联作者之手的最为异端的文学作品。"

美国和英国的情报部门一致认为应该出版俄文版的《日瓦戈医生》，并出版尽可能多的版本，吸引全世界的关注。

《日瓦戈医生》俄文版由中情局资助，在荷兰国家安全局的帮助下，在海牙印刷。中情局选择了布鲁塞尔世界博览会作为散发的目标地点。1958年9月的比利时布鲁塞尔世界博览会是"二战"后第一届世界博览会，苏联和美国都建造了庞大的展馆，展示互相竞争的生活方式。苏联展馆门口是一男一女两个巨大的工人雕像，展厅中央是列宁铜像，旁边是人造卫星、喷气飞机、石油钻井平台、集体农庄和苏联厨房的模型，文化方面派出了芭蕾舞剧团和马戏团。美国展出的是服装表演、迪士尼制作的风景片、热狗、抽象表现主义艺术作品和480版的《纽约时报》周日版。

美国的秘密武器是《日瓦戈医生》，当然不能明目张胆地在美国展馆发送。中情局的盟友是梵蒂冈，由梵蒂冈展馆的神父发送出去。苏联游客一拿到书，马上撕下蓝色硬壳封面，把书拆成几部分，塞进衣袋。500册书通过现场发放的方式让普通俄国人带回了祖国。在莫斯科，人们传阅该书的劲头不亚于大学生在宿舍里传阅情色禁书。

一个月后，瑞典文学院宣布帕斯基尔纳克为当年诺贝尔文学奖得主。莫斯科人更加渴望看到《日瓦戈医生》。美国中情局散布的《日瓦戈医生》在黑市上已经炒到了200－300卢布，这相当于一个工人一周的收入。

苏联：全民大批斗

虽然中情局帮助了《日瓦戈医生》在全球、特别是在苏东的扩散，但是目前没有证据证明是他们运作了帕斯捷尔纳克获诺奖。其实从1946年到1950年，帕斯捷尔纳克每年都得到提名，1957年，在《日瓦戈医生》出版前一年，帕斯捷尔纳克又一次进入最终候选人名单。这一年桂冠落在了法国作家加缪头上。但是加缪在随后的一次讲座中谈到了“伟大的帕斯捷尔纳克”，大家都猜测帕斯捷尔纳克要得奖了。1958年2月，在诺奖提名截止前，帕斯捷尔纳克由哈佛大学两位教授和哥伦比亚大学的一位教授分别提名。而苏联文艺界连续几年推荐的都是赫鲁晓夫的内弟肖洛霍夫。莫斯科方面指示苏联驻瑞大使馆，要他们和瑞典文艺界解释：帕斯捷尔纳克是苏联的敌人，给他颁奖是“一种不友好的行动”。

阻止帕斯捷尔纳克获奖的行动眼看就要失败，苏联马上制定了一个方案应对瑞典的“敌视行为”：刊登对《日瓦戈医生》的退稿信、刊登谴责文章、著名作家联名称这次颁奖有点燃冷战的企图，最后要告诉帕斯捷尔纳克拒绝接受诺奖。

1958年10月23日，瑞典文学院宣布“获奖人是帕斯捷尔纳克”。出于政治敏感的考虑，评奖理由中并没有提及《日瓦戈医生》，理由是：“他在当代诗歌和伟大的俄罗斯叙事传统领域取得的卓越成就。”不过在正式评论中点了一下《日瓦戈医生》：“作品超越政党界限，超越政治意义，完全体现了人的观点。”

24日，莫斯科指示帕斯捷尔纳克拒绝领奖。克里姆林宫得到的报告说：“帕斯捷尔纳克气焰嚣张，甚至说他们爱怎么处置我随他们便。”没过多久作家都被通知参加第二天的作家联盟紧急会议。邮差来到帕斯捷尔纳克家，发现他脸色发青，抓着胸口，想回自己房间却几乎爬不上楼梯。

25日是星期六，早上六点，莫斯科人就跑去排队抢购《文艺报》，因为传言要对帕斯捷尔纳克发起猛烈的批判了。88万份《文艺报》几个小时售罄。报纸上全文刊登了1956年《新世界》编辑们写的退稿信，还配发长篇社论《挑衅性的国际反应》。社论中称帕斯捷尔纳克是“恶毒的文学势利小人”，“他是因为自愿充当反苏宣传的腐朽钓饵才获奖”。许多读者从大批判中第一次知道《日瓦戈医生》这本书。

《真理报》发表了一篇更猛烈的文章《一株文学毒草引起的反动宣传泛滥》。从早上五点到晚上十二点，苏联的宣传机器全速开动，广播、电视、报纸、学术刊物、连儿童杂志都在批斗这个“恶毒的文学势利小人”。《文艺报》在一个多月的时间里，发表了423封读者来信，充斥着“我没看过《日瓦戈医生》，可是……”这样的措辞。

在作家联盟总部，800位作家对他开展大批，持续了5个小时，最后宣布一致赞成开除帕斯捷尔纳克。只有一个声音大声说：“我反对！”这唯一的反对者是古拉格集中营的幸存者、斯大林的妻妹安娜·阿利卢耶娃。

“我从来没有把拒绝发言看成什么英雄气概，然而直接参与犯罪跟拒绝参与，难道没有区别？”二十多年后，大批斗会上拒绝发言的作家叶普图申科反思。当年有沉默的庸常者，也有沉默的反抗者。高尔基文学院要求大学生参加谴责帕斯捷尔纳克的示威游行，很多学生躲在厕所里，对敲门声充耳不闻。

在全民谴责围剿中，帕斯捷尔纳克一度想自杀，最后在情人的劝说下放弃了，因为自杀就等于自认其罪。为了保护家人和朋友，帕斯捷尔纳克给瑞典发电报拒绝领奖。但是这一举动并没有带来缓和，反而被视为更加卑鄙的挑衅。帕斯捷尔纳克被强制在家隔离。中央委员会派来一名护士，虽然帕家表示不需要，这名护士还是跑到他们家起居室搭了一张简易床住下。

美国：用书争夺青年人

诺奖引发的论战让《日瓦戈医生》在西方越发畅销，其英文版在美国超过《洛丽塔》，登上《纽约时报》畅销榜第一名。中情局决心利用机会，竭力传播该书。中情局不断设法把剩下的俄文版运进苏联，或者购买英文版让美国游客带进苏联。中情局还搞了一个袖珍版，采用类似《圣经》的轻薄纸张印刷，可以很容易藏进西装口袋或者裤兜里。

1958年年底，苏联恢复了斯大林死后一度废止的搜查游客行李的做法。一本《日瓦戈医生》被没收后送到了莫斯科的列宁国家图书馆。这本书受到严格限制，只有党的高官和受到批准的学者可以查阅。

1959年在维也纳举办的世界青年节暨大学生和平友谊节，再次成为两个超级大国争夺青年人的战场。中情局利用掩护组织招募学生志愿者散发了3万册图书，其中《日瓦戈医生》不仅有俄语版，还有波兰文、德文、捷克文、匈牙利文版本。

苏联大学生乘坐的40辆大巴一到维也纳，一本本的袖珍《日瓦戈医生》就被扔进车窗。代表们把书藏在舞台道具、胶片罐、野营装备里。代表团中也有克格勃，他们出乎意料地宽容："拿着吧，阅读吧，但是千万别带回家。"

作家已死，冷战未冷

帕斯捷尔纳克死后，围绕《日瓦戈医生》的明枪暗箭依然激烈。

1960年5月30日，帕斯捷尔纳克因病去世。他的邻居、新上任的作家联盟领导装病，把全家的窗帘都拉上，对数千人的送葬队伍视而不见。他的死讯成为西方媒体的头版头条，但是莫斯科只在一份二流出版物的背面底部发了一个简短的消息。

几个月后，帕斯捷尔纳克的情人伊文斯卡亚被捕，被指控从事非法货币交易。克格勃副局长亲自审讯，要她承认《日瓦戈医生》实际上是她代笔的，证据是帕斯捷尔纳克写的情书："谁也没有想到，这本书整个都是你写的——你站在我身后引导我的手，这本书完全归功于你。" 伊文斯卡亚反驳说："也许你从来没爱过一个女人，所以不懂这番话的含义。"伊文斯卡亚被发配到西伯利亚服役8年，她女儿也被判了3年。

帕斯捷尔纳克生前是名义上的超级富翁，版税源源不断地汇到出版商为他在瑞士设立的银行账号。但是这些钱不被允许汇到苏联。他去世后，妻子季娜依达生活拮据，连养老金也没有。六年后，季娜依达在贫困中死去。

下禁令的赫鲁晓夫根本没看过这本书，后来国际舆论让他下不了台，他让女婿看看，女婿说没啥，据说赫鲁晓夫气得发疯，抓住作协高官的衣领使劲摇晃。政治人物低头认错不容易，特别是上升到了意识形态之争，直到赫鲁晓夫被迫下台，他也没有解禁此书。在软禁中，他儿子送给他一本打印的《日瓦戈医生》。他花了很长时间才读完，他说："我早该亲自读一遍才对。书里面根本没有反苏内容。"讽刺的是，这时他自己也只能偷偷带出口述磁带，在西方出版回忆录——按照当年对老帕的批判，这属于"叛国"。赫鲁晓夫在回忆录中反思："我们给苏联造成了很大的伤害，我为自己对待帕斯捷尔纳克的行为真心感到悔恨。""关于《日瓦格医生》，有人可能会说，我现在为这本书未获出版表示遗憾，太晚了。也许确实如此，不过晚遗憾总比不遗憾好。"

1988年，最初拒绝发表《日瓦戈医生》的《新世界》杂志连载了这部小说。1989年，一个外国记者和朋友在莫斯科街头散步，突然看见一大群人排队，有排队习惯的莫斯科朋友想都没有想就站到了队尾。排到前面才知道，这是《日瓦戈医生》解禁后第一次全文出版。

在列宁国家图书馆，秘密收藏的中情局版本的《日瓦戈医生》从特别藏书区移出，不过借阅依然受到限制，这次不是因为禁书，而是因为珍本。

当年无数秘密警察监视来参加葬礼的人，如今诗人的坟墓成为朝圣之地，年轻人盘桓于此，朗诵着他的诗句："然而场景已然编排注定，脚下是无可更改的途程。"

书中自有颜如玉
书中自有黄金屋

平凡世界里的不平凡 周俊芳

熟悉路遥，是看过《人生》之后。那个“负心汉”高加林到底有多招人恨？无人能回答。因为在生存面前，道德有时会被弱化。再读《平凡的世界》，发现其实在贫穷面前，尊严也可能被弱化。

无可否认，走过那段路的人，或多或少都有所体悟吧。

《平凡的世界》作为一部百万字的鸿篇巨制，其所呈现的社会层面纷繁庞杂，盘根错节。所幸，我多读了几遍，字里行间，便读出了几个词：通感、奋斗、激情、梦想和爱情。

关键词：通感

通感，是个修辞手法。又叫“移觉”，就是说作者描述客观事物时，用形象的语言使感觉转移，将人的听觉、视觉、嗅觉、味觉、触觉等不同感觉互相沟通、交错，彼此挪移转换，将表示甲感觉的词，移用来表示乙感觉，使意象更为活泼、新奇的一种修辞格。

最典型的莫过于朱自清的《荷塘月色》，“微风过处送来缕缕清香，仿佛远处高楼上渺茫的歌声似的”。

《平凡的世界》显然没有过度地使用这种修辞格。是读者在阅读中，不自觉地在使用这种方式，将小说人物的爱恨情仇，平移成自我人生的悲欢离合。将情节中无助、绝望、呐喊，转移成似乎被淡忘的某个瞬间……

我们是多么健忘啊，又是多么长情。不论是刻意遗忘还是记忆模糊，《平凡的世界》显然都戳到了读者的痛点，视觉、味觉、听觉，甚而触觉，都莫名其妙发生了各种角度的转换。如此快感，只能用欲罢不能来描述！

关键词：奋斗

除了为数不多的富二代、官二代，大多数人的人生都打上了奋斗的烙印。从农村到城市，从蓝领到白领，从一无所有到有房有车，其中的转变不仅是个人的奋斗史，更是一个时代共同的奋斗轨迹。

读者对过往时代残存的记忆，在主人公身上找到了呼应，那份彻骨的难堪，那些付出后的成就感，那种痛了也不能喊的坚持……谁又没有？即便我们的经历不尽相同，即便我们能看出文字中的干瘪，能读出作者身上“红色”的气息，能在斧凿的痕迹中不屑一顾，但我们依然无可自拔地，沉浸在个体无人替代的悲悯当中。

是的，感同身受这个词，有时是在说谎，没有经历的人，无法真的体会当事人的创伤，更无法用外力去抹去，去清除。那是寒在骨子里的冷，是凉进心口的冰，现实的富裕和美好，也许能掩盖脸上的表情，能改善衣着举止的品位，可还是那句话，出身上的劣根性，是洗也洗不掉，逃也逃不开的命运。

所谓命运，或许就是孙少平与田晓霞的爱情，不管有多么脱俗，都无法真的打破“门当户对”的局限。现实版“灰姑娘”不是没有，而是缺乏可操作性和复制性，也就是说，没多少人看好他们的结局。

不是人有多么阴暗，而是，你知道那种奋斗超越了个体的范畴，需要一个叫“上帝”的大手，而你不仅不认识他，更不清楚到底有无他的存在……

宿命，不是奋斗者字典里的词，却是飞上枝头变凤凰唯一的可能。例如，作者在最后，让孙少平的妹妹嫁入“豪门”，这是多么蹩脚的桥段！看到此处，你笑了没有，反正我笑了。豪门得生多少儿子，才能拯救那些想变成天鹅的人们啊？

靠婚姻上位，就是作者路遥思想局限性的明证。

关键词：激情

奋斗是个过程，不会一帆风顺，更不会光有甜蜜，没有眼泪。往往，是泪流不止、痛彻心扉的历程。但奋斗之所以令人着迷，源于其中激情的迸发，和无法抑制的兴奋。

每一次小小的改善，都让陕西偏远农村的家庭心潮澎湃，仿佛眼前就是光明坦途。是的，人有欲望才会满足，但若欲望过多，便是贪婪，而贪婪让人厌倦，丧失了满足感。在无限的物欲中，最可珍视的，可能就是这种弥足珍贵的激情吧。

日子一天天变好，就如同孩子一天天长大。那份有苗不愁长的欣喜，那种指日可待的雀跃，可以用一个词来概括——心劲儿！

身累不怕，就怕心累。心累了，就活着没劲，就腻腻歪歪，满脑子饱暖思淫欲的坏念头，就想着做点出格的事、刺激的事、让人刮目的事……于是，价值观也随之变了，对错也混淆了，是非也不分明了。

这很像喝酒，原本为着高兴。喝着喝着就变味了，想换个花样，交个杯，找女人，换种酒，再喊几人来……然后……就没有然后了——其实，此刻初心已改，方向已失。

出发时想要什么？完全不记得了，热涨了头，鬼迷了心。不忘初心，方得始终。有几人记得？走着走着就拐了弯，偏离了方向。这绝不是某个人的问题，而是一个时代的现状。因此才会出现，贫寒人家熬到高位的人，做贪官落马者比比皆是。那些苦难转身就抛诸脑后，那些惺惺相惜早变成欲壑难填。

因而说，好了伤疤忘了疼，是人性。苦难，教不会人修养，更不是素质的代名词。

关键词：梦想

“《平凡的世界》就像一面镜子一样，孙少平、孙少安两个人小时候的经历和我是完全一样的。这就是十几岁时的我，到地里干活的时候，不好好干活，最大的愿望就是从山里面走出去。”SOHO中国董事长潘石屹，这个被称作“土鳖”的人，有着与孙少安类似的经历，他声称是受到孙家兄弟的启发才开始创业云云。

诚然，中国目下非富即贵者，多多少少都能在书中找到他们的影子。他们都在被一个叫梦想的词牵着鼻子往前奔突，扬起了尘沙，惊起了波澜，开辟出一条人生的轨迹。这条轨迹的总标题就是——奋斗。

奋斗，是一条漫长艰辛，然而回望时，足以自豪的事情。这群扬眉吐气的“土鳖”，以自己的成功为梦想做了最有力的诠释。

老潘说：“每天看完都会哭一场。”我猜想，这哭不全是因为路遥，不全是因为《平凡的世界》，有一大半是因为他自己。

那份貌似感天动地的情绪，无非是在书里遇到了曾经的自己，在文字中，舔食着经年的伤痛，回味着艰涩的过往。

关键词：爱情

对于饥饿、挫败和困顿中的爱情，悲剧无疑是最恰当的注脚。

幸福地生活在一起，那是童话，不符合国人的审美。例如梁祝、天仙配、白蛇传、红楼梦……都是哭天抹泪，造化弄人。中国人因此创造出一个词——凄美。都凄惨成那样了还美？这已然不是审美的问题，而是文化的范畴了。类似于南方人吃阳桃，非撒上盐和胡椒粉吃，说是消食开胃。还有成本不菲的肉粽子，北方人无论如何也爱不起来，就像白天不懂夜的黑。

常常，落入悲情的窠臼，有些自怜自艾的迷恋，以至于有的人沉迷于此，难以自拔。

《平凡的世界》是落入俗套的那种，照搬了苏联小说的桥段。就在即将见面，兑现承诺时，女主人公离奇地死了。明眼人都清楚，这是作者早有预谋的，难道谁又看不出来呢？怎一个牵强了得！

既然无法打破世俗的藩篱，就用生死这种无人可以逃脱的方式去处理，立竿见影，一劳永逸，完美地呈现凄美效果。

实在谈不上高明，但也无可指责。路遥在《早晨从中午开始》中写到："只有初恋般的热情和宗教般的意志，人才有可能成就某种事业。"而他自己就像一个无畏的勇士，在文字的汪洋中，试图与风车做几轮搏斗，胜败已知，但战斗从未停歇。

当其身后，毁誉参半，我想，他写作不是为着所谓的"誉"，那么那些"毁"，于他而言，又有什么大不了呢？写作者的尊严，在于给了自己一个交代，而历史终将给他一份荣耀。这就够了，盛名之下的那些副与不副，就任尘土去评说吧。

阅读的初恋

郭凤岭

以前，我是一个不爱看书的人——既没有书香门第的熏陶，也没有良师益友的指引，童年时期除了几本连环画，没读过什么书。初中时候班里传阅黄色小说，偶有涉猎，只记得看到省略号与嗯嗯啊啊等拟声词交替出现的地方，异常兴奋。这类阅读当然不会陶冶我的情操，但在客观上锻炼了我的想象力。其实有想象力的阅读是幸福的，现在的很多书，连这点功能都没有了。后来几次翻阅家里的《红楼梦》《水浒传》，读着都没有激情，未能善始善终。有次不知从哪里弄来一本外国的小说，封面是个金发女郎，衣服穿得极少，大腿相当美好。我就饶有兴致地读了起来。刚翻了几页，就被父亲发现。因为那天正好是周末，按说是应该复习功课的，但我通常没有自觉复习功课的习惯，所以在父亲看来，我那么痴迷地看一本书就很不正常。当父亲拿起我手里的书，看到封面上的性感女郎时，我真想找个地缝钻进去。尽管那本书的内容其实一点都不涉黄，在父亲愤怒而惊诧的目光下，我还是觉得自己是个流氓。可以说，我早期的阅读经历，基本都跟黄色书刊有关。

一直到读高中，也没看几本书。名著是不看的。看得最多的是《读者》《青年博览》之类的刊物。我心智成熟得晚，10岁之前的记忆几乎没有，20岁之前过得浑浑噩噩，对未来没有任何规划，得过且过就活了小半辈子。一度特别羡慕那些读了很多很多书的人，提起任何一本名著都能说出个子丑寅卯，我觉得他们都是天才。直到我做了五六年的图书编辑以后，我也无法超越他们。因为首先我开始读书的时间很晚，其次我读书的速度很慢。但我坚持认为，读书不是越多越好，而是要切合自己的心智，使书本中大量陌生观点的引入与自己头脑中思想的发展同步。从书本中读出自己的思想，比单方面从书本中获取知识，要重要得多。如果读书只是为了获取知识，作为茶余饭后的谈资，或为实现某种功利性的目的，那这种阅读我认为并不比阅读黄色书刊更有意义。

真正的阅读不仅仅是从书本中读出别人的思想，更重要的是要读出自己的思想。自己的思想或者与别人的思想不谋而合，或者与别人的思想针锋相对。不谋而合的共鸣，产生阅读的快感；针锋相对更是对判断力的考验，有可能是“否定之否定”，成为思辨认识上升的阶梯。无论是共鸣还是对抗，我觉得阅读的意义都在于：通过阅读，找到自己思想与书本中观点的同与不同，通过辨认、甄别和思考，逐步完善自我的思想体系。换句话说，没有思考的阅读，不是真正的阅读。如此说来，一个人一生真正读过的书，其实寥寥无几。

我真正开始读书，是在大学的时候。这个时间，几乎比所有人都晚。但这是事实。那个时候陆续读了尼采、叔本华、弗洛伊德的书，对西方哲学、精神分析学有了些零星的认识，并产生了浓厚的兴趣。一次逛校内的书店，我发现了一本叫《疾病的希望》的书。记得我只翻了几页，就毫不犹豫地决定买下它了。那种感觉很奇妙，就像原本素不相识却又注定相遇的恋人，有朝一日碰见，仿佛认出了前世的姻缘。当时那本书是特价，记得是四折。这就意味着，至少那家书店的图书管理员认为，它是本冷门的书。我当时对图书的概念相当模糊，根本不懂什么畅销什么冷门，买书、看书全凭自己的喜好，反而现在进了图书出版这一行业，在选书的时候，加入了许多不必要的考虑，比如封面装帧、版式设计、开本大小，甚至哪家出版社哪个编辑的书，都会被考虑进去，作为买与不买的标准……于是毫不犹豫地买下了那本书。

正如善恶是非没有一个确切的标准，评价一个人是好人还是坏人，要看站在什么立场、以什么为参照而论，同样好书与坏书也是相对而言的，真是适合你读的书，不一定是好书，也不一定是坏书。经典之所以成为经典，是因为经典可以跨越时代、地域，而被最广大的读者喜欢，从中找到并印证自己的思想，引发共鸣。《疾病的希望》当然不是经典，尽管它在德国重印了三十多次。但正是这样一本被中国读者冷落的小书，开启了我独立思考的阀门，为我以后的阅读指明了方向，甚至在某种意义上来说，成为我人生道路中的一次重大事件。

《疾病的希望》包含了哲学、心理学、医学、文字学等诸多学科思想，结合了西方现代医学的顺势疗法与古老中医思想的身心合一理念，涉及精神分析、易经八卦等中西文化精髓，所以很难把它划入某一学科或门类。这是一本讲述疾病的书，但绝不是教人怎样治病的书，跟后来畅销的大多数养生类的书也不同。确切地说，它是一本教人如何面对疾病的书，至于如何治愈，则没有给出答案，所以书名叫作《疾病的希望》正是表明了：现代医学的发达并不能使人类疾病的数量和种类有所减少，反而随着文明与科技的发展，人类将会面临更多健康问题，疾病的治愈永远只是人类的一个希望。但这本书又不仅仅是在说一个关于疾病的问题，更重要的，它是教我们如何通过疾病认识人类自身，是关于

“人”自身的学问，所以它既不肤浅，也不高深。我们读的所有的书，我们人类的所有学问，不都是在探讨人的问题，探讨人与自然的关系问题吗？

读这本书的时候一直很兴奋，读得很有激情。一直被马克思主义的唯物论填充，突然看到很能讲得通的唯心论，那是何等的畅快淋漓。甚至感觉与书中那些不寻常见解的对接，真真是狠狠报复了周遭的物质世界，告慰了自己叛逆的残酷青春。我第一次体验到阅读的快感——那种精神上的认同与共鸣。

叔本华说：“我不止一次带着几分犹豫把一些命题公之于众——因为它们有违通常的见解——但在这之后，我很惊讶也很高兴地发现：在古老的伟大的思想家的著作里，也有与我相同的见解。”我不敢说这本书里的思想是伟大的，但里面那些“有违通常的见解”，着实使我“惊讶”和“高兴”。惊讶的是原来我的那些不见天日的见解早已有人写了下来，高兴的是在这个世界上我至少有了一个知音。当然，我这么说是拔高自己了，跟这本书的作者相比，我的见解是零星的、不成体系的。但之所以有知遇之情，抱感恩之心，正是因为读了这本书，我开始反观自己对“人”自身的认识，反观看待世界的方式，开始思考并建立自己的思想体系。这是之前所有的阅读，所不能带给我的。也是在这之后，我认识到：读书的要义，既不是消遣，也不是获取知识，而是通过阅读建立自己的思想体系，提高自己的判断力，认识世界与自我；这个过程自然而然也就包含了知识的获取与精神的愉悦。

我不知道有没有人在这本书上与我有相同的见解，我是希望有的。所以在大学毕业做了图书编辑以后，我就想方设法再版此书，却至今未能如愿。而更加遗憾的是，当时被我反复阅读、几乎每页都做了笔记的那本《疾病的希望》，已被我转让给上海的一位豆瓣书友。因为印行此书的春风文艺出版社在初版之后再没有加印，市面上甚至孔夫子旧书网都很难找到这个版本，所以对于当时穷困潦倒的我来说，这本书倒是卖了个好价钱，足够我一个月的烟钱。只是承载与见证我第一次特殊阅读记忆的那本书，我再也无缘与之相见了。

2011年，《疾病的希望》由当代中国出版社再版，用的是台湾易之新的译本，距1999年春风文艺出版社李健鸣译本出版已有12个年头。我在大学书店买下这本书大概是在2003年。2005年，我与李健鸣先生取得联系，商议《疾病的希望》再版一事，她同意此书再版，只是原著版权需要重新购买，此事便搁置下来。2008年，我又在台湖的北京国际图书城购得两本春风文艺版《疾病的希望》，那是这本书在整个图书城所有的库存，同样是在特价区出售。后来，听说德国的版权公司与当代中国出版社达成版权转让协议，可当代中国出版社未能在合同约定期限内出版此书，版权公司便转与译林出版社合作，谁知正在译林社筹备出版李健鸣译本的时候，当代中国出版社的易之新译本上市了。因此2011年当代中国出版社易之新版本的出版，就引发了一次版权纠纷，图书下架，不到一年工夫，这个版本又几乎成了绝版。幸运的是，在这个版本刚刚面世的时候，我便在网上购得两本。

以上便是我与《疾病的希望》这本书所有的故事。如果书本可以有初恋，那这本书就算是我阅读的初恋了。关于这本书的记忆，无论是思想共鸣带给我的阅读快感，还是不能亲手将它再版重印留给我的遗憾，都会如初恋一样——青涩也好，苦痛也罢，所有的记忆，终将上升为美好。

一本奇书与一个人的思维建构

单占生

我要说的这本在我青年时代见到的“奇书”，是由人民文学出版社于1957年1月25日出版的《诗刊·创刊号》。

仿佛就在昨天，却又恍若隔世。

初中上了不到一年，“文革”就开始了；举着罪恶的拳头“斗”了几天曾用奶水和血喂养自己的老师，就背起背包“大串联”；走南闯北学到了一些斗争的“本事”，就回校打派仗；派仗还没打完就毕业了。1968年秋的一天，生产大队的贫下中农代表拉着板车把我“迎回”家，接下来就是面朝黄土背朝天的修理地球，转眼到了1969年。当时在郑州教书的父亲给家里来了一封信，说是因“战备疏散”，他需到一个乡下的“五七”干校劳动，屋里的一些书用不着了，问我要不要。我立马回信说我要。于是，和母亲搭车到了郑州，把父亲正准备卖废纸的几箩筐书打包运回了家。当时，“文革”尚未结束，书是危险品。好在，乡亲们特善良，没有人举报我，使得这些危险品被我妥善地藏在一间供我安居又堆满了柴禾的草屋里。

因为有了这几箩筐的书，这间被几十年烟火熏得漆黑的小屋开始有了一个乡村儿童难得的知识的天空，有了一个乡村孩子梦幻的天地，有了一个乡村孩子依稀看到的比华北大平原更为广阔的世界。

那些书中有本过期的《诗刊》，即我在前文说到的“奇书”。它带给我的震撼和惊奇是巨大而深远的。直到四十年后，当我拨开时光的迷雾，重新看到记忆的天空飘浮着的四十年前从我心中升起的那片彩云时，似乎仍能听到已滚向远天的那隐隐的雷鸣。

这本过期《诗刊》就是我在文章开头说到的出版于1957年1月25日的《诗刊·创刊号》。

从郑州运回老家的家父的那些藏书，虽种类繁多，但大多数是他在中国人民大学党史系读书时的教材和参考文献。对于一个只上过一年初中的“六八届”的初中生来说，读那些“国际共运史”“中国哲学史”之类的图书，无疑像读天书一样。在一个孩子的阅读史上，那些书在我心中留下的是一团团凝重而又深邃的迷雾，同时也播下了后来我对历史与哲学深感兴趣的种子。记得当时每当我把这些书捧在手中进行所谓的阅读时，我都会做出一副很大人，很深刻，很有学问，很能从书中读出智慧读到“金子”的样子。但毕竟我离那“金子”太过遥远，最终，我还是把那些“金子”珍藏到一边，如饥似渴地读完了一系列《红旗飘飘》《星火燎原》《志愿军英雄传》之类的图书；而当我正为再也挑不出能读懂的书而无奈时，这本《诗刊》就自然而然地跳入我的眼帘。

这本《诗刊》最初带给我的惊奇是多方面的。

首先，是它的装帧形式。说实在的，当时的我根本就不知道什么叫装帧；准确地说，是这本《诗刊》的“样子”引起了我的好奇。那是一本用道林纸制成的毛边本。牙白色的封面上端的两个红色老宋体刊名特别醒目。封面下端居中印着刊期“1”，“1”下的一行字是“1957.1.25 诗刊社”。这些，都给我特别新鲜的感觉。而最引起人特别的好奇的，是这本期刊毛茸茸的、参差不齐的外切口。在我有限的读书经验中，书的边缘都应该是整齐的。我怎么也不能理解书还可以用平滑厚实的纸印制，怎么也不能理解书还可以有一个豁豁牙牙的毛边儿。在我的心目中，这可能是一本印坏的书，可又觉得不像。已经卖了几箩筐“废品”图书的父亲不可能把一本印坏的书留下来。我问在我看来最有学问、曾在冯玉祥的童子军里念过几天书的爷爷，他翻来覆去看了好几遍，告诉我他也不知道这是怎么回事。于是我就带着这本“奇书”跑到距我们村十几里路的白云寺找曾教过我小学语文和书法的刘鸿宾老师。刘老师戴上他的老花镜，抚摸着这本《诗刊》说，难得你还这么喜欢读书，难得你跑这么远来找我，这可是一本好书呀。而后，他指着封底定价上的几个字告诉我，这是一本道林纸毛边本。又说，印最好的书才用道林纸，最珍贵的书才用毛边本。他还说，听说当年在北京买这本书要排半天队才能买到。多年之后，当我做图书出版又做旧书收藏，真正知道这本毛边本的珍贵和诗在那个时代出版人、读者心目中的地位时，我仿佛看到我那在寒风中瑟瑟发抖又兴奋异常排队购书的父亲的影子。多年之后，当我到一个出版社做总编辑与社里的图书装帧设计人员交换我对图书装帧的意见时，我谈到了书装的个性、版本的价值、异型版本与审美惊奇、材质的性能等问题。而我对这些问题的敏感与对书装的完美追求，追根溯源，来自我四十年前的这次出位阅读。如果用李敖式的自信夸奖一下自己的话，在我做出版工作的不长的几年里，经我指导与参与设计的书装屡屡在国内图书装帧设计评奖中获奖，应该与我曾在四十年前与这本《诗刊》的奇遇有着无法扯断的联系。不瞒各位，当2008年由我策划，经我社设计人员设计的一本名为《看草》的书获得“中国最美的书”的殊荣时，我的眼泪都下来了。我想到这些年我和我的伙伴为寻求书装艺术的突破所遭遇的困顿与艰难，以及不少人的不理解。我知道，为工作的艰难与取得成绩的喜悦而流泪未免有些矫情，我更清楚地知道，我的流泪更多的则是来自忆起40年前见到的这本《诗刊》的冲击。它让我突然意识到，如果没有父亲在北京的寒风中买下这本书，如果没有善良淳朴的乡亲们用沉默保护了我读书的权利，如果没有曾在他面前像狼一样炫耀过利爪，撕裂过他胸膛的刘鸿宾老师对他无知的学生无怨无悔的指点，就不可能有我后来的对形式审美的不懈追求。我的泪，是对与我同甘共苦的伙伴的感谢，是对前辈编辑，对我的父亲、我的乡亲、我的老师的感恩。

这本《诗刊》对我的影响如果仅仅是这么回事，也许，尚不能称它为一本奇书。

作为一本有着特殊形式审美的《诗刊》，或者说《诗刊·创刊号》作为一种有着特殊形式审美的“书”的存在，对我在书装艺术审美上的影响可能是直接的。而无直接的线索和物证可循的，是它影响了我对存在着的世界整体的审美观念。比如我在研究胡适时，就着重研究了胡适对中国新诗形式建设的贡献，对胡适所说的“一部中国文学史就是一部文学形式发展的历史”这样的论断多有心悟；还有我在诗歌研究中提出的“形式审美”就是诗的本质的一个有机组成部分的观念，大体应该是与毛边本的

《诗刊·创刊号》有着鸡生蛋，但蛋不能等同于鸡的关系。应该说，这本《诗刊》影响了我的审美观念，也大体成了我的审美建构的渊源与底本。

其实，这本《诗刊》给我带来的直接影响还有我一生与诗的结缘。比如我的步入文学创作之路，最初就是写所谓的诗并在我县的文艺刊物上刊发；我进入大学后很快就进入省文学界的基本队伍“圈子”也是因为诗；大学三年级时打起背包走黄河更是因为诗；大学毕业留校任教后在讲台上讲授的主要课程内容也是诗；我与我的导师合著的第一本著作同样也是有关诗的著述。可以这么说，我的许多弟子毕业十几年几十年后还能结结实实地记得我，多半是因为我曾引领他们步入过诗的世界的原因。包括我总以一个诗人的眼光看世界，我总在不断地追求生活的诗性，我提出对人类诗性思维的研究，大体都应与当年我在这本《诗刊》中读到艾青的《礁石》《在智利的海峡上》《一个黑人姑娘在歌唱》等诗篇所产生的惊奇与迷茫有着直接关系。多年以后，当我站在大学讲台上给一筐带着茸毛，睁着惊奇的眼睛，流着灿烂的血液的“青杏”讲课时，我曾夸下海口说艾青是我最了解的诗人，我是最了解艾青的人。哈哈，真是一个不知天高地厚，不知自己吃了几斤干粮、喝过几滴墨水的狂徒，笑话死人了。谁叫我那么早就以一个泥腿子青年的身份在这本奇迹般的《诗刊》中迷迷糊糊读过艾青的诗呢！

如果探询一下这本《诗刊》对我的更深层的影响，除了前面说到的对我审美倾向的影响外，还有我长期坚持的求异、求奇的思维基本状态，更进一步讲，它让我在内心深处保留了一块使“异端”得以生存的领地。这本道林纸毛边本的《诗刊》，在“文革”这样一个特殊时期进入我的阅读视野，而且又给我带来如此巨大的震撼，在我的生活历程中，以及在那样一个特殊年代，无疑是一件不合时宜的事件。随着年龄的增长，我越来越清楚地认识到，过往的许多在当时看来貌似重大的事件，实际上并没有什么特殊的意义与价值；而一些看似细小的事情，却在隐隐地影响着你的人生。此时，我才真切地认识到家父在“文革”期间传给我的那几箩筐书的意义与价值，那是薪火啊！我才体会到了乡亲们以沉默保护了我读书的权利的恩德之重，才知道被打进十八层地狱的刘鸿宾老师对我这个“非革命”青年逆时代读书的“异端”行为给以扶持的恩泽之深。在生活和工作中，我不是一个“刺儿头”，不是一个无视法律、秩序以及生活常态和工作常态的人。但是，我还是给我的思想、思维留下了充分的异端的空间。从我在大学教书生涯中曾呵护过的“异端”弟子后来做出的优异成绩上，从我看到的在人类社会中那些异端人物、异端思想给人类的文明带来的巨大进步上，我深深体会到异端对我们，对人类共存的这个世界来说是多么稀缺的东西。一个人，如果没有对“异端”的宽容，似乎不能说他是一个成熟的人。而一个民族，如果没有对异端的充分宽容，又怎么能够海纳百川勇猛精进呢?

我知道，一本过期的《诗刊》，在当时那种条件下，对当时那个无知的我，不可能直接产生如此之多的影响，但是，这本书给我带来的惊奇和在我年轻的心地里种下的叛逆和无畏的种子，它所带来的我对形式审美的期冀，对诗的灵光的体悟，都是真实而毋庸置疑的。说到这里，我突然想说几句与之相关的话：一本书就是一块田地。这田地，可能是肥沃的良田，也可能是贫瘠的荒地。良田可种出丰硕的粮食、瓜果，贫瘠的荒地只长弱草，甚至寸草不生。书与人，即如此。

扭曲命运下的极致之爱

宇昕

“狼烟不止一处……村子里到处是女人们急促的木屐声。”严歌苓的长篇《小姨多鹤》开篇就以浓烈苍凉、极具镜头感的画面深深吸引住了读者。然而战争、杀戮、死亡都仅仅是悲剧的开始，由此引发的却是几个小人物时间跨度长达近半个世纪的爱恨纠缠。

16岁的日本少女多鹤，随着家人与无数“满洲开拓团”的人们一起踏上中国的土地，在日本战败，村民集体“殉国”之际，她依靠机智和对生的本能渴望逃过一劫，历经九死一生的逃亡之路后成为孤儿，被土匪装进麻袋，论斤卖给了东北某小火车站站长的二儿子张俭。张俭的老婆朱小环因日本鬼子的惊吓导致流产，从此丧失生育能力，张俭的哥哥据传因为抗日而被日本人杀害，多鹤成为传宗接代的“工具”。一家人的命运从此改变，多鹤为张家生育了一女二男。本就存在着难以撕扯清楚的复杂关系，更糟糕的是，当新中国成立，多鹤成了巨大的政治问题。张俭只好让多鹤成为朱小环装哑巴的“妹妹”，孩子们的“小姨”，然后通过不断的搬迁来遮掩多鹤的日本身份以及怪异的家庭关系。

也许很多人的命运都是那样在不知不觉中改变的吧，对一个异族的甚至是仇人的孤女，以为“生完孩子就把她扔掉”那么简单的事，却随着孩子的降生，一家人在朝夕相处、血肉相连、相濡以沫中相互影响、相互改变，最终成了你中有我、我中有你、剪不断理还乱的复杂情感。仿佛一个彼此镶嵌的三角，也许此消彼长，但少了哪一边，结果都将是彻底的坍塌毁灭。这远不是一个旧时家庭简单的“纳妾”，彻骨极致的痛，都是因为掏心掏肺的爱，或者，恨。严歌苓用铺张得近乎奢侈的笔触讲述着他们的琐碎日子，一个眼神、一个抚触、一句对话、一举手一投足间无不透出同一屋檐下生活的尴尬、矛盾、谨慎与暧昧，情节绵密，文字却凝练如刀、干净利索，使读者情不自禁被带入他们身边，体味着他们的每一次呼吸，伴着他们悲喜一路。

一部好的作品不是让人记住作者或其他什么噱头，而是书中的人物，《第九个寡妇》让人对王葡萄念念不忘，《小姨多鹤》则让多鹤与小环活生生地站在我们眼前，她们仿佛女人的两极：小环犀利野性、风风火火的外表下是难以言说的痛楚，多鹤沉默隐忍却固守流淌在血脉中的那份记忆。严歌苓笔下的女性大多有这样“一根筋”的特质，她们或懵懂或练达、或静或动、或爱或恨，但最终坚持着她们的底线，无论外面的世界如何风云变幻甚至荒谬无理，她们只凭直觉按自己的道德标准“我行我素”。正是这种坚持，最终凝聚成生命的本源——顽强的生命力、善良、仁爱、守信，构成超越一切、包容一切的人间大爱，这也是文学作品能跨越民族、地域令人动容的力量所在。

同时，严歌苓的作品看似落笔于小人物，看似只描绘他们嬉笑怒骂的琐碎日子，但他们的命运起伏从不会如空中楼阁般与历史的大背景剥离，世事更迭不露声色、浑然天成地融汇在主人公几十年的岁月中，使作品除了女性特有的细腻，还呈现出在历史中恣意纵横的磅礴大气和宽阔胸怀。如果一定要在性别上做文章的话，严歌苓的作品不仅“不让须眉”，还透出时下多数作家都不具备的恢宏气象。

日本战争遗孤的故事不少人也曾耳闻，在我们眼中往往是诸多新闻旧事中一掠而过甚至不值关注的片段，作家却能以独特的敏锐捕捉住它——这不是随意编织的臆想，严歌苓每创作一部作品都会做大量的实地采访和准备工作。对了解严歌苓文字的人而言，一个文字华美、情节流畅的故事——这样的期待如今已经几乎不构成什么悬念，这是意料之中，但《小姨多鹤》仍让人欲罢不能，给读者带来巨大的震撼——这是意料之外。从《雌性的草地》《天浴》《人寰》《扶桑》到《穗子物语》《第九个寡妇》，严歌苓多年笔耕不辍、著作等身，旅居海外的生活使她笔下的故事更充沛丰盈，这还不包括她身为好莱坞编剧的工作。再看看时下文坛的浮华喧嚣、为名利上演了多少与文学无关的跳梁丑剧，严歌苓却没有得到等价的赞誉与关注。多少名噪一时的作家多年只靠吃老本度日，勉强捧出的新作一看就是闭门造车的生硬拼凑，而严歌苓一次次令人惊艳的华丽亮相，让我们有理由相信，写作于她而言将是个可以潇洒来去、任意遨游的无限空间，绝不会有什么“枯竭”之说。

有一种创伤叫成长

郭红

有段时间，我反复地读《挪威的森林》。我把它放在枕边，放在椅旁，随时拿起来读几页，每次都有浓浓的安静和感伤慢慢地涌过来，淹没我。它使我产生了一种对于青春时代的表达愿望。对于已经度过了灿烂的青春时光的大人来说，提到青春，总有一种错过了什么的感伤。但这个故事却在最散淡沉静、暗蕴着激情的文字中，让你体会到成长原是不断的创伤，唯有宽容青春的生活，才能了解青春的真正意味。

我无法知道这个故事的真实性，它的真实与否，其实并不能影响它的意蕴。在后记中，村上春树曾说，就像《了不起的盖茨比》对于菲茨杰拉德来说是一本私人性质的小说那样，这本《挪威的森林》也是具有私人性质的小说。那是一段他一直无法写出来的“往事”。几次开始，都又停了下来。后来他也就不勉强去写了，因为他发现，“一切都清晰得历历如昨的时候，反而不知从何处着手。就像一张详尽的地图，有时反倒因其过于详尽而不便于使用。”那是与直子有关的一段往事。自从直子在阴暗的林子里辞别人世以后，人生对于他，是另一种况味，也是另一种开始了。

那个故事确实并不简单。他的好友木月，没有任何征兆却悄悄地结束了自己年轻的生命。随后，他也离开了家乡，到城里去上大学。一次偶然的机会，他又与木月的恋人直子相遇了。直子很美，但她的美里面总有一些不合理和忧伤的东西。他们经常一起步行，漫游在城里和草地上。他很自然地爱上了直子，细心地呵护并尽力去理解她。然而，直子还是不辞而别了。许久以后，他才知道，木月的死，给直子的精神留下了极深的创伤。她只能遁世以求恢复内心的秩序。他虽然只有20岁，却决定承担这一切。他尽量平静地面对并包容着直子，同时积极地鼓励直子走向正常的生活。

可是，不是所有的伤都能痊愈。直子始终走不出心灵的暗夜，平静地弃世了。他一直满心期待着与直子共同生活，没想到一切都成了镜花水月。他无法理解绚美的青春与死亡之间的关系，他更不能抑制内心巨大的悲痛。他只能放逐自己的肉体，在山野孜孜游走，在凄凉的海边露宿。纵使如此，他还是无法摆脱悲伤和绝望。在痛苦的挣扎中，他才知道：“无论怎样的哲理，怎样的真诚，怎样的坚忍，怎样的柔情，也无以排遣这种悲哀。我们唯一能做到的，就是从这片悲哀中挣脱出来，并从中领悟某种哲理。”

青春的心灵总会有阳光射入。绿子就是他无望的内心中曾经的阳光。她富有朝气，健康明朗，“全身迸发出无限的活力和蓬勃生机，简直就像刚刚迎着春光蹦跳到世界上来的一头小鹿”。最终绿子以其真实而又健康的存在和爱引领着他重回到青春的生活之中。于是，关于直子的一切，才真正地成了虽不堪回首但至少是可以暂时忘怀的往事了。

有的人，有的事，我们不能也不愿忘记。不是因为那人那事有什么奇特之处，而是因为他们与我们的往事或是我们所经历的成长曾有过这种那种的联系。有时，那人或那事甚至成了往事的某种象征。我们无法绕过他们，他们总是在过去的时光和回忆里蛰伏着、等待着我们，直到某个时刻，由于某个细节的触动，我们再次与他们重逢。

我们所领悟的某种哲理，所经历的内心生活，总是会影响着我们对于过去的表达和理解。离某个过去越远，它的细节会越发模糊，但它的轮廓和去向就更加清晰。这一切都会使我们的往事焕发不同的光彩。在《挪威的森林》中，村上春树以其阅历和智慧赋予往事一种平凡而隽永的意蕴。文中的他，对于青春年少时的生活抱有一种单纯的坦然。他并不文饰过去，也没有夸张的做作和炫耀，他没有用笔去取乐任何人。他诚实平静地写出了自己曾经的迷惘和荒唐，他向我们展示了少男少女们自然好奇的世界和无所畏惧的心灵。那种淡然，尤其是宽容的态度，为作品——更为他自己——增加了一种达观和一种可以亲近的智慧。

余华三书

郑洁群

这几日，买了余华的新作《兄弟》上部，一口气看完了。在看的时候，还是会被书里的一些情节感动。但是，看过后，却已不太记得书中的具体情节。

这样很奇怪。读余华的小说，从《十八岁出门远行》到《世事如烟》《在细雨中呼喊》等，都没有了具体的情节记忆，留给我的只是那些冷酷、暴力和无根的文字。

而后，从《活着》《许三观卖血记》到现在的《兄弟》，余华回归了一种最单纯的写作方法。克制、简洁的叙述方式，却具备了一种震撼人心的力量。

这些优秀的作品无一例外地，都描写了小人物的悲喜人生。他们都是这样一群人：卑微甚至猥琐、市俗，又不乏善良。在他们的身上，有着人最深的劣根性的一面，也有着小人物最美好和温情的光辉的一面。他们在历史前进的巨轮下，卑琐地活着，承受着最深的苦难，有时他们只是像一条狗那样活下去。

那些痛苦却卑微的小人物，无疑就是生活在我们身边的一群人，那些微不足道的众生，甚至是我们的父母、兄弟、姐妹。

虽然主题往往是沉重的，但余华的叙述往往貌似轻松，那些小人物可笑或可爱的荒谬行径却又是那般的真实。

余华，怀着一颗悲悯的心，将这些“人”赤裸裸地推到了我们的面前。

《兄弟》：撕开人性的卑琐和光环

在新书《兄弟》上部中，余华讲述了江南小镇两兄弟李光头和宋钢，重新组合成的家庭在“文革”劫难中的崩溃过程。

书中延续了余华一贯的叙述方式，相比起《许三观卖血记》中的关于“文革”的描写，《兄弟》一书更直面了那个时期的真实。

当我看到宋立平被红卫兵打死在汽车站，孙伟的父亲在临时看守所将两寸长的铁钉砸进自己的脑袋而死，孙伟被他的革命同辈误杀在广场；当兄弟两人看到自己惨死在车站的父亲孤助无援，一遍遍地大哭着求人帮助，而周围只有冷漠的看客时……那种惨烈和冷戾，无疑是对读者心灵的鞭打和考验。

我相信，通过这一本书，余华又一次成功地催下了大部分读者的眼泪。而他那貌似看客的冷淡的叙述方式，使这些事实更逼近了真实的残酷。

由此看来，《兄弟》一书无疑是一本成功的书，只是开头花大量的笔墨大肆描写少年李光头的偷窥，使人有些无法接受。我只能理解为，余华是试图运用这种表达方式，表现当时社会性的压抑和畸形的发泄出口。

而在开篇时的着笔：

“我们刘镇的超级巨富李光头异想天开，打算花上两千万美元的买路钱，搭乘俄罗斯‘联盟号’飞船上太空去游览一番。李光头坐在他远近闻名的镀金马桶上，闭上眼睛开始想象自己在太空轨道上的漂泊生涯，四周的冷清深不可测，李光头俯瞰壮丽的地球如何徐徐展开，不由得心酸落泪，这时候他才意识到自己在地球上已经是举目无亲了。”

这一段荒谬的文字，使读者感觉到作者写作上的浮躁和功利的气息。这与他以前的平实和透明不符，多了矫情和急功近利。

只是，瑕不掩瑜，对于余华的《兄弟》下部，我还是抱着阅读的期待。余华自己也说：“我对这部小说（《兄弟》）非常满意，可以说是我写过的最好的小说，不过你看到的只是《兄弟》的上部，下部会更好，最晚明年年初会推出。”

《活着》：像一条狗那样卑微地活下去

余华在写一个人物的同时，也是写了一个个的家庭和历史的变迁。在他们的身上，几乎都有着不可磨灭的时代的烙印。

从《活着》《许三观卖血记》开始，作为先锋派的作家之一，余华洗尽铅华，没有了以前小说的暴力、死亡、意识流以及文字技巧，开始走向回归。这时期，他的文字更趋向于朴素、简洁和直接，体现了更多的人文关怀，以及对底层人物的同情、悲悯。

对于《活着》一书，余华这样解释“活着”：活着，在我们中国的语言里充满了力量，它的力量不是来自于叫喊，也不是来自于进攻，而是忍受，去忍受生命赋予我们的责任，去忍受现实给予我们的幸福和苦难、无聊和平庸。

《活着》的主人公徐福贵活着，好像就是为了看着身边的人一个个死去。在这出关于死亡的戏剧上演之前，他夜以继日地吃喝嫖赌，终于在一夜之间由阔少爷变成一文不名的穷光蛋。他一生的悲剧也由此开始。

在我看来，这本书最精彩的描写是前半部分，当徐福贵让妓女背着他满街游走，来到他开米行的老丈人门前时，书中这样描述道：“我每次从那里经过时，都要揪住妓女的头发，让她停下，脱帽向柜台后的老丈人致礼：‘近来无恙？’

“……他怕我，我倒是知道的。我骑在妓女身上经过他的店门时，我丈人身手极快，像只耗子呼地一下蹿到里屋去了……”

还有比如，当他父亲看到从城里鬼混回来的儿子后：“他知道我是在赌博，脱下布鞋就朝我打来，我左躲右藏，心想他打几下就该完了吧。可我这个平常只有咳嗽才有力气的爹，竟然越打越凶了。我又不是一只苍蝇，让他这么拍来拍去……”

但这本书同时又是沉重的，生命里难得的温情被一次次死亡撕得粉碎，最后只剩下老了的富贵伴随着一头老牛在阳光下回忆。而生命，在余华看来，就是一次次不断地去承受苦难。

有时候，在一个时代的背景下，生命本身被压缩到了极其渺小、卑微的位置，像一粒尘埃那样无端飘荡，没有自己的选择，只有风的方向。

《许三观卖血记》：含泪的微笑

无疑，《许三观卖血记》是一本可以称得上伟大的书，这也是余华写作历程中的一座珠峰。

与朋友的谈论中，他们也认为，相比起《许三观卖血记》，余华的新作《兄弟》已经无法达到前一本的高度了。所有赞美的语言用来评论它，都是不为过的。而我的评论在这本书面前，只剩下无力和苍白。

小说的开头揭开了一个看似荒唐的事实：农民赖以生存的土地无法给农民以丰衣足食的保证，从而使青年人走上了卖血之路，而这竟成为衡量体魄甚至娶妻生子的标准——“卖一次血能挣三十五块钱，在地里干半年活也就挣那么多。”——农民的劳动被贬值到用出卖“生命”的方式来延续“生命”。

小说以许三观的卖血经历和时代的变迁作为主线。他卖血的目的，却是为了大儿子一乐，而他这个最器重的儿子偏偏是他妻子和别人生的。

第四次卖血之后，他和许玉兰及二乐、三乐要去吃一元七角一碗的面条，而让一乐去吃五角钱的烤红薯。因为，在他看来，卖血得来的钱，不能便宜了一乐的生父何小勇。

当一乐一路哭泣着离开家后，他又找到了他，把他背回了家。看到这里，我相信所有的读者都会为文中的温情而动容。

这一本书，几乎处处都是精彩的部分，包括饥饿时期，许三观为几个儿子用“说”的方法给他们“做菜”尤其让人感慨，还包括后面许三观为了一乐生病住院，一路卖血到上海，更是让人动容。

在这本书里，作者不介入文本发表自己的意见和心理描写，小说基本上靠对白支撑。人物对白手法的运用上，也达到了炉火纯青的地步。这种朴实的语言，有时却透着撼人心魄的穿透力，让现实仅仅存在于句子中就抵达了最深的力量。

比如余华在许家周围设置了一个熙熙攘攘的人群，这是一群永远乐于窥探别人隐私的普通人，他们封闭的个人生活，在嘁嘁喳喳的流言中变形地开放着。谈论别人的隐私于他们是一种爱好和现实客观存在的现象。

而文中描写“文革”的部分，既暴露出令人发指的阴毒，也不乏人性的温情。许三观作为一个旁观者将运动的实质一语道破：“什么叫文化革命？其实就是一个报私仇的时候。”

如何抵达我们的故乡

朴素

刘震云最初是以短篇小说《塔铺》（《人民文学》1987年第七期）与中篇《新兵连》（《青年文学》1988年第一期）一举成名的。在这两篇早期的小说里已经流露了刘震云后来小说创作的宗旨：对底层人（小人物）的生活境遇的关注，以写实的笔墨白描现实人生，用冷静客观的叙事笔调书写无聊乏味的日常生活来反讽日常权力关系，笔墨之间带有悲天悯人的情怀。这与他后来成为新写实小说的干将深有联系。然而一个传媒时代来临了，小说写作变得无足轻重。满街都是匆匆忙忙的人，没有人会静下来从容不迫地思考。蛀虫开始存在于人的心中，恶毒弥漫，高尚遁逸。

我是因为阅读刘震云的小说集《官场》（华艺1992年版），才深深为其小说艺术所惊叹折服。在这部小说集子里，刘震云展露了他惊人的创作才华，以鲁迅式的白描一针见血地写人，写官场中的人，写权力纠缠下的人。作为小说家的刘震云是将“一切实在的真实转化为写在文本中的真实”。他更关心某种“返回平民”或“返回真实”的意识。《单位》刻画了权力网络如何决定并且支配人们扮演社会角色的方式，而《一地鸡毛》则写出了权力网络向家庭的延伸。我们自然也会理解：生活本身就是一大堆琐碎的实际问题，除了认同现实关系别无选择。《官人》与《官场》则是刘震云关于“权力意识”的一种文本解析，尤其是《官场》中的省委书记许年华，虽然着墨不多，却是一个极其复杂的人物；此人对官场的权力操作娴熟自然，但在整体的权力角逐中依然是一个牺牲品。

《一地鸡毛》《单位》等新写实小说为刘震云挣来了极大的名声，几乎所有人提到新写实小说都会谈到刘震云，而《一地鸡毛》也成为文坛公认的“新写实小说”的代表作。许多评论家认为新写实小说完全放弃文学的理想主义而追求现实生活的摄像式写真，达到“日常生活的诗情消解”的目的。然而仔细阅读《一地鸡毛》，就可以发现在貌似主体退出的诸如买豆腐买白菜搬蜂窝煤等日常生活，经由流水账式的叙事手法掩盖了叙述者的“在场”，主人公小林依然对生活有种种感受：“宏图大志怎么了？有事业理想怎么了？古今将相在何方，荒冢一堆草没了？”这样的种种喟叹正是理想主义还没有完全丧失的表现，骨子里，作家的精神心态依然执着于人生的美好未来。可以说《一地鸡毛》《单位》等新写实小说是对平凡人生况味和日常生活烦恼的冷静呈示，在对琐碎、平庸、灰色的生活的沉潜中流露出作家勘探人生本相的可贵追求，庸常的生活本就缺乏激情的跃动，激情的遁逸恰恰赋予作家冷静的眼光，这不仅仅是“感情零度介入”的操作问题，那种冷静的观照方式本身就构成对庸常生活的超越。

在完成了一系列的新写实小说之后，刘震云接连发表了两部长篇小说《故乡天下黄花》与《故乡相处流传》。《故乡天下黄花》以一个小村落为背景，展示近半个世纪错综复杂的社会风貌，与新写实不同，《故乡天下黄花》属于那种寓言式写作，而之后的《故乡相处流传》则达到了圆熟大气的佳境。《故乡相处流传》包含四个部分，分别涉及的历史和政治大事是：曹操、袁绍之争，朱元璋移民，慈禧下巡和太平天国的失败，以及1958年的大炼钢铁和1960年的自然灾害。《故乡相处流传》突破了《故乡天下黄花》的寓言写作的模式，反以一种戏仿的形式打破了历史寓言或政治寓言的类型化的方式来显示自身。作者从严肃与正统的历史与政治的讲述中跳出来，像是喊出皇帝没穿衣服的小孩、像大闹天宫的孙猴子，无所顾忌，不知深浅，随随便便讲出他眼中的历史与政治。讲话的方式和讲话的内容是紧密联系的，小说的意义也正在这一点上有所突破：以一种嘻嘻哈哈的方式来讲，历史和政治也就变得嘻嘻哈哈，非常好玩起来。

作者自云：“《故乡相处流传》对我的写作有决定性的意义。通过并不成熟的它，我开始醒悟写作是海而不是河，是不动而不是动，什么、哪些是自己而不是别人。”通过《故乡天下黄花》与《故乡相处流传》的写作，刘震云显然对小说的精神领域的开拓有了更大的信心，于是200万字的长篇巨著《故乡面和花朵》让所有的读者与评论家目瞪口呆。对不可言说的事物只能保持沉默，面对《故乡面和花朵》，我觉得目前无法把握这样的文字世界，仿佛是一道禁忌或咒语，我只能保持敬畏。当然我们可以看看作者自己的一些想法，在谈及《故乡面和花朵》的创作经验时，刘震云强调：“《故乡面和花朵》和我以前的写作非常不一样。过去的写作打通的是个人情感和现实的这种关系，像《一地鸡毛》《故乡天下黄花》《温故一九四二》等，它主要是现实世界打到人的心上，从心里的一面镜子折射出来的一种情感。而《故乡面和花朵》则完全不同。”与新写实小说系列相比，刘震云似乎更为偏爱他的《故乡面和花朵》，虽然我自己更喜欢刘震云的《一地鸡毛》《单位》《官场》等小说。

我们阅读《故乡面和花朵》的时候，有一种非常明显的感觉：即使是人物自己在叙说，也仍是用一种对话口气和某个东西“争辩、解释、反抗”着什么，这仿佛意味着，在他们的心中，始终有一个巨大的对立面存在，它作为一个固定的形象阻碍着他们进入世界或进入言说，为了超越它，便有了刘震云式的“吵架对话”，因此，这种对话与其说是在自我辩解，倒不如说是人物在想象着如何争取自己可能的历史位置。刘震云经常说的“个人情感与想象世界的通道”可能正是指个人对世界的这种想象方式，他要他的人物摆脱通常意义的时代话语和历史话语，而回归到个人的世界之中。刘震云的文学世界始终是个人与世界的关系，而不是时代与世界的关系，从这种角度理解刘震云的小说世界或许更有所得吧。

学者摩罗一直对刘震云的小说有很大的兴趣，也一直在关注他的创作。摩罗认为：“刘震云用自己的写作拼合了一个十字架，他用机关小说（譬如《单位》《官场》）写现代生活的卑微无聊，这是横向的，用历史小说（譬如《故乡相处流传》）展现历史生活的残暴恶毒，这是纵向的。一横一纵拼合到一块，就构成一个无限延伸的空间，这个空间贮满了人类的苦难。”苦难是一笔财富，苦难可以造就伟大的文学。但文学不仅仅是展现人世间的苦难的，它还意味着一种精神自由，为现代人提供和保护着精神的多种可能性空间。苦难仅仅是多种可能性空间的一部分而已。

刘震云的小说已经为我们提供了精神的一种或几种可能性，但他肯定不会满足于目前的作品。随着新长篇《一腔废话》《手机》《我叫刘跃进》《一句顶一万句》的出版，一个新的可能性空间正在生成。文学无法拒绝和规避纷然庞杂的日常生活，但文学有责任赋予日常生活一种意义，一种既入乎其中又出乎其外的超越性意义。事实上，一个写作者只有不断地寻求更为丰富、更为真实也更为可怕的生存状态，才能创作出令人解读不尽的优秀之作。人始终是需要一点精神的，我们可以承受肉体的失败，但是精神问题必须得到澄清和言说。

英雄之谓

王大庆

大概是1979年，我上小学四年级。那时没有现在孩子们爱玩的电子游戏，也没有电视。我的“业余活动”是四处寻衅滋事，几乎和家属院里所有同龄的孩子都交过手——没有别的原因，只是出于一个10岁小男孩比别人更强的英雄欲和表现欲。虽然常常有家长带着哭泣的孩子告上门来，虽然每当此时身高一米八三的父亲便会挥舞巨掌将我痛揍一顿，但做英雄的感觉使我依然乐此不疲。在一次用砖头袭击了一个比我大五六岁的孩子之后，我的“英雄生涯”达到了顶峰。

是突然出现的一本书起到了父亲的巴掌没能起到的作用，让我告别了我热衷的“业余活动”。

这是一本白话《史记故事》。

好像是在秋天，父亲给我带回了这本书。跟我以前看过的没皮缺页的《林海雪原》不一样，这本书是崭新的，依稀记得白色的封面上以黑色线条画着一个峨冠博带的古人，也许他就是司马迁吧。书中大概选了十来个《史记》

里的故事，但真正吸引了我并让我铭记至今的是“荆轲刺秦王”。

“此地别燕丹，壮士发冲冠，昔时人已没，今日水犹寒。”在这个故事里，被歌颂最多的历来是荆轲。当然，他是故事的主角。但在我看来，更值得尊敬的是故事中很少被后人提起的两位：田光和樊於期。

秦国人快打过来了，燕太子丹让田光帮着出主意，田光就向他推荐了荆轲。临别，太子丹小里小气地对田光说：“我跟你说的可都是国家大事呀，可千万不能泄露出去呀。”结果田光回去对荆轲说：“太子这是不相信我啊，我一把岁数的人了，做事不能让人信不过。你告诉他，就说田光已死，不会泄露什么了！”——遂自刎。樊於期本是秦国的将军，不知道怎么得罪了秦王，九族被诛，只身逃到了燕国，秦王还不罢休，悬赏千金要他的头；荆轲欲刺秦，苦于无法取信于秦王，便径直找到樊於期，说：“我要是能把你的头献给秦王，他一定肯见我，我左手揪住他的袖子，右手给他一刀，你觉得怎么样？”樊於期说：“这正是我天天咬牙切齿想干的啊，多谢你教我这一招！”——遂自刎。

少年的我目瞪口呆。在此之前，我所知道的英雄都是在敌人的枪口下壮烈牺牲的，自信这个我也做得到。田光和樊於期从容而惊心动魄的结束让一个想当英雄并且觉得自己很英雄的孩子感到了震撼和迷惑，这个孩子禁不住一遍遍问自己：他们情愿交出脑袋是为了什么？你行吗？你做得到吗？两千多年前铿然坠地的两颗头颅使所有的好勇斗狠显得可笑而毫无意义。此后很长一段时间里，我像守着一个秘密一样守着这段故事，不再惹是生非，甚至在学校遭了体罚之后还怯懦地拒绝了伙伴们去砸老师家后窗玻璃的邀请。大人们说这孩子懂事了，我明白那是因为我有了心事。

岁月递嬗。后来，我又从书上知道了“死有重于泰山，有轻于鸿毛”，知道了“慷慨赴死易，从容就义难”，知道了平凡而从容地活着也需要不小的勇气。

从狂野的少年到腼腆的青年，到疲惫的一家之主，今天的我与昨天的我似乎已渺不相关。但我知道，昨天有一本书留在了我的生命里，有一个故事让一个无知的孩子开始思索生命的意义。

侠之大者的民族神话

朴素

《射雕英雄传》是金庸的第三部武侠作品，写于1957年到1959年，先在《香港商报》连载（《射雕英雄传》后记）。此书是金庸武侠创作上确立自信心的一部作品，奠定了金庸在武侠小说史上的宗师地位，而后他连写了《神雕侠侣》《倚天屠龙记》两部相关长篇，一部比一部成功，形成了金庸作品的中心部分。通过“东邪、西毒、南帝、北丐、中神通”的空间坐标，金庸划定了小说的内在思路与故事背景。“东邪、西毒、南帝、北丐、中神通”的绰号有传统武侠小说的影子，但也成了后来无数武侠作品竞相模仿的写法。《射雕英雄传》可以说是一部武侠小说的典范之作，在武侠小说史上占有最重要的地位。

在《射雕英雄传》中，作者虚构的人物开始与历史人物比肩，甚至可以凌驾于历史人物之上。这样的写法，其实是每一个小说家的内心深处的欲望——那种重构历史的野心与梦想。倪匡对男主角郭靖不太满意，在英雄人物品评上，认为“无可置评”。但郭靖却是金庸小说人物中影响最大的一个，虽然过于完美，却是金庸极端理想化的产物。郭靖最为人所称道的是“侠之大者，为国为民”，正如朱子柳道：“当今天下豪杰，提到郭兄时都称‘郭大侠’而不名。他数十年来苦守襄阳，保境安民，如此任侠，绝非古时朱家、郭解辈逞一时之勇所能及。我说称他为‘北侠’，自当人人心服。”（《神雕侠侣》）

上海学者胡晓明在《金庸小说是中国文化的“招魂曲”》一文里如是说：“郭靖是一个气味纯正的英雄。任何现代西方心理分析方法用于这个人身上都显得龌龊小气。他的身上有着久远的文化血脉，接通着中国古代的圣王气象豪杰意境。这样的意境，在当代文学中的确是再难出现了。如郭靖、张无忌、乔峰、杨过、陈家洛、陈近南等脍炙人口的大侠，都有一番不同凡响的豪杰功业。都是在历史的大关头，临危授命，以武侠手段行圣王事业。”似乎学者都认可金庸笔下的主人公有儒家情怀，但细细分析，郭靖、张无忌、乔峰、杨过、陈家洛、陈近南之间却有很大的不同。相对来说，郭靖的儒家风范更为明显，从《射雕》到《神雕》，其儒家情怀倒是越来越浓。

行侠仗义似乎是英雄侠士义不容辞的事情，很有点“原善”的味道。像《倚天屠龙记》中张翠山被金毛狮王谢逊问道：“行侠仗义有什么好？为什么要行侠仗义？”

张翠山只能无语，在张翠山的心里，行侠仗义是当然之义，自明之理，根本不用思考。此下被谢逊一问，才觉得这是个问题。从解构主义的观点来看，没有什么大词是不可置疑与天经地义的，一切所谓的“确定不移的客观事实”的背后都有权力的影子。《射雕英雄传》的主人公郭靖同样遇到了这种“精神危机”，“翻来覆去地想着，越想越是糊涂。”丘处机给他解道，但丘处机武学修为不够，郭靖并不信服，后来被师父洪七公的一番“义正词严”的棒喝所惊醒，从而成长为一代大侠。

然而细究洪老叫花的一番话：“老叫花一生杀过二百三十一人，这二百三十一人个个都是恶徒，若非贪官污吏、土豪恶霸，就是大奸巨恶、负义薄幸之辈。老叫花贪饮贪食，可是生平从来没杀过一个好人。”其中大有疑问，每个人杀人都有理由，都认为对方是恶徒、该死之辈。但谁有权力作为审判者？缺席的审判无法令人信服。金庸对此也有反思，在后来的《天龙八部》里揭示出“纵有奇特个性和神通，依然有尘世的欢喜和悲苦”，而在《笑傲江湖》里则破除了正邪不两立的虚妄。可惜金庸未能更进一步，破除国家的神话，“侠之大者，为国为民”依然是他信守的理想理念。我们都曾经经历过为国家为人民的利益而牺牲小我的宣传时代，到头来只是一场噩梦。

理想本来是美好的，它是一种爱，对人、对生命的爱。这种理想有理由为人们所信奉，然而当一种为理想而献身的行为被作为生命的最高意义而被提倡时，人以及生命往往成为一种手段而存在。在这样的一种追求理想的过程中，每一个人，每一个个体自身却没有价值和意义。当牺牲者被作为榜样提倡时，无疑是在昭示更多的追随者。“经死亡之路踏入黄金牧地。”这样，理想渐渐成为须不断用生命填入的无底黑洞，死亡成为理想的必经之路。“侠之大者，为国为民”其实就是一剂迷幻汤，许诺国家神话的道德纸冠，让每个人不断奉献宝贵的生命，为武侠江湖的共产主义鞠躬尽瘁，意为“呕心沥血竭尽全力，贡献出自己的一切”。在这里，作为个体的个人已经完全不重要，国家和人民成为终极目的。

《射雕英雄传》的根基在于儒，“道之所在，虽千万人吾往矣”。古人云：天下兴亡，匹夫有责；又云：民为重，社稷次之，君为轻。郭靖实践了这些古代儒家的理想。然而儒家入世的民本主义所设定的仍然是思考和行为着的个人与他所属的民族共同体之间的道德责任，并不曾要人们为外族人的利益而承担道义责任。从这一点上来说，《天龙八部》中的主角萧峰则面对了比郭靖等人远为艰难的选择。学者何平认为，只有曾经支撑着中国传统政治结构的儒教才能支撑起金庸笔下腥风血雨的多难江湖。但在金庸后期的代表作中，《天龙八部》的根基在佛，《笑傲江湖》的根基在道，《鹿鼎记》的根基在西方。可以看出，后期的金庸已经走出“中国传统政治结构的儒教”影响，封笔之作《鹿鼎记》的选择是西方文化的印照绝非偶然，“《鹿鼎记》对儒教正统、英雄道义的沉痛检讨是凝聚着时代精神的反省，或者可以说是一种外缘性的批判”。

《射雕英雄传》另一主角当属成吉思汗，金庸对历史的兴趣有目共睹。从《射雕英雄传》后记及附录可知，金庸对元史极为熟悉，成吉思汗的重墨书写，居然还引发台湾文化官员封杀《射雕英雄传》一书，怀疑“有鼓吹毛泽东之嫌”，不许在台刊行。成吉思汗在临终时跟另一主人公郭靖有过思想上的交流，曾说：“我一生纵横天下，灭国无数，依你说竟算不得英雄？”从成吉思汗自身角度来说，他所做的一切，其实也不过是“为国为民”而已，他为自己的蒙古帝国南征西伐，夺得更多的土地，为自己的子民掠抢更多的金银财宝和女人。然而“积尸如山，那功罪是非，可就难说得很了”。相对而言，《鹿鼎记》里的江湖奇人韦小宝，以流氓身份而成就的勋业令任何英雄都难及万一：手刃满洲第一勇士鳌拜、参与平定三藩之乱、签订《尼布楚条约》、收复台湾、指导俄国的宫廷政变、为江湖各路好汉快意恩仇……他的文武事业和从容进退，使一切圣王抱负和英雄道义黯然失色。

“金庸汇通古今的学问修养，势必使他在小说创作中面临一个并不深奥却不易回答的问题：在真实的历史进程中，儒教及其正统已日趋没落、解体，在这一事实基础上，他的英雄故事如何与真实历史和现实存在取得一致？对于这个矛盾，金庸显然深有会心。他从来不为他的侠义英雄设计大获全胜的凯旋，比较乐观的几部小说中也只有差强人意的成功，在他最感人的故事里洋溢的不是‘多难兴邦’的空头豪情，也不是‘生于忧患、死于安乐’的自我譬解，而是知其不可而为之的烈士精神。尽管金庸没有彻底破坏通俗作品大团圆的程式，但他小说中弥漫的松柏后凋于寒霜、鸡鸣不已于风雨的悲剧气氛，已经强烈地暗示侠士无法逃脱的历史困局，以及他们在这种困局中事实上的无所作为。”何平先生这段话已经说明了儒教及其正统已日趋没落、解体的无可挽留，同时印证了“侠之大者，为国为民”的虚妄。正所谓：侠之大者，本是心魔；为国为民，更是虚妄；法尚应舍，何况非法。

我的读书生活

刘英亭

工作之余，我有三个爱好：读书、写作和听京剧。在这三个爱好之中，读书是排在第一位的。现在，读书早已经融入到我的生活之中，我喜欢读书就如同有的人喜欢看足球比赛、有的人喜欢下象棋、有的人喜欢打扑克一样，每天读一点书，已经成了我日常生活中不可或缺的一部分，因此，可以说，读书是我的一种生活方式。

小时候，我是一个很顽皮的孩子，不喜欢读书学习，还经常和同龄的孩子打架。当然，我还很喜欢听父亲讲故事，每当父亲讲故事的时候，我就能安安静静地坐在那儿。在父亲所讲的故事里，我最喜欢听的就是水浒故事，因为那里面有打虎英雄武松、花和尚鲁智深，还有卖人肉包子的孙二娘……

后来，父亲便经常给我买一些小人书，我渐渐地喜欢上了读书，当然那时还仅仅限于喜欢读小人书。我现在还能从记忆的仓库中倒腾出来的一本小人书是《小勇夺枪记》，内容讲的是一个叫小勇的孩子看到一个伪军在河里洗澡，他就把那伪军的衣服给藏起来了，后来又把他的枪给偷走了。那时候，我几岁了呢？我记不清了。我只记得大姐已经上学了，我还没有上学。父亲就用一本连环画教大姐认字，大姐跟着父亲读，我在一边听，很快我就记住了。当父亲指着小人书的字教大姐认时，我便能准确地背诵出那一页的内容。晚上，躺在炕上，听到父亲提着我的乳名对母亲夸奖我记忆力很好，将来会有出息的。可惜的是，现如今我已年过不惑，却没有什么出息。这当然不是父亲判断的错误，而是我不够努力的缘故。写这篇文章的时候，我顺便上网搜了一下子，发现《小勇夺枪记》是1973年1月出版发行的。那么，我读到这本连环画的时候，应该是在1973年，因为那一年我已经6岁了，而我是7岁开始上学的。此后，父亲便常常给我买小人书。那时虽然家里穷，我们吃的、穿的都不好，可父亲给我买小人书的时候却从来都是很大方的。为此，常常惹得母亲不高兴，他常常数落父亲和我："天天看书，那是能顶饥啊还是能防寒啊？"父亲从来都不辩解，依然故我。母亲呢，也只是唠叨上两句，就该忙啥还忙啥去了。我从小也有一个邪脾气，越是大人不让做的事我就越要去做。母亲的唠叨不仅没能阻止父亲和我读书，我反而常常让父亲给我买小人书读。每当母亲数落我们的时候，父亲便对我使一个眼色，我冲父亲做一个鬼脸，我们就会神地笑一下。此时我和父亲就成了一个同盟，我的心里就会有和母亲故意作对的快感。渐渐地，放学回到家我就不再到街道上去和小朋友们打闹玩耍了，常常是坐在那儿读小人书。遇到不认识的字还主动地去问父亲。

等到我上小学四年级的时候，我已经读了很多小人书和一些通俗易懂的书，可是对父亲读的那些大部头的书，我还是不敢问津的。

一天晚上，刚刚吃过晚饭，父亲主动地说给我讲水浒故事。我当然很高兴，因为以前父亲都是先让我自己读一会儿书，等我打盹的时候他才给我讲故事的。可是正当父亲给我讲到罗真人用一块手帕把李逵送到天上，而那块手帕却不平稳，吓得李逵冲着罗真人嗷嗷乱叫的时候，母亲却突然提醒父亲说："今天晚上大队里不是开会吗？你咋扒起瞎话（讲故事）来把啥事儿都给忘了？"父亲恍然大悟，对我说："等开会回来再给你讲。"说完便急匆匆地走了。

父亲走后，我便焦急地等着父亲。母亲说："别等了，快睡觉吧！他一开会还不知道多晚才回来。"可正听到节骨眼儿上呢，我哪里能睡得着觉呢？母亲说："你爹讲的那些故事又不是他自个儿编的，他不就是看了那本厚书再讲给你听吗，你不会自己去看看到底是咋回事？”

母亲的话一下子提醒了我，我立刻从桌子上拿起父亲看的《水浒全传》，坐在煤油灯下，开始自己读起《水浒》来。当时，我只觉得那些语言与小人书上的语言是很不一样的，读起来很吃力。我很烦躁地在父亲刚刚坐过的那把椅子上，一会儿挪动一下屁股，一会儿扭动一下身子。母亲在那儿好像是很专心地纳着鞋底，可我的举动却全都落在了她的眼里。她说：“那么厚的书可不是谁想读就能读得了的，你读不了就放下吧！”

这又触犯了我的倔脾气，我白了母亲一眼，心里想：你越是说我做不到的事，我就偏要做到。于是，我什么也不说，低下头，囫囵吞枣地读起书来。过了一会儿，为了证明我能读懂，我还故意做出心领神会的样子笑出了声。

当然，里面有一些字我是不认识的。在学校读书遇到不认识的字时，老师总是让我们查字典。可我不喜欢这么做，因为一停下来，就把故事情节弄得断断续续、支离破碎。所以，在家里读书，我只要能弄懂大致的意思就行了，我要欣赏的是故事，而不是什么优美的词句和语法。所以，虽然有一些字我不认识，更有一些词句似懂非懂，但我依然读得津津有味。很快便读完了那一回，我被故事吸引着，又往下读。直到我很困了，父亲还没回来，我便上炕睡觉了。

可凑巧的是连续几个晚上，父亲总是有事，不能给我讲故事。我只得自己继续读下去。渐渐地，我竟然着了迷。以后便不再缠着父亲给我讲故事了。

长大以后，我一直怀疑那是父亲和母亲商量着给我设下的一个圈套。我一直没有向父亲和母亲求证这件事，我从内心里把它确定为一个圈套。正是这个圈套套住了我，使我迷恋上了读书。现在回想起来，除了当时很流行的小人书以外，我读的第一本真正的文学书就是《水浒传》，并且成了我最喜欢读的几本书之一，也是迄今为止我读的遍数最多的书。第一次读《水浒传》的时候，我有多大呢？大概是10岁，现在看来，10岁开始读名著，实在是算不得早，可在那时，尤其是在农村，我读名著要比同伴们早得多。正是《水浒传》给我打下了传统文学的底子，并最终引领我走上了文学创作之路。

回顾几十年的读书生活，我突然发现，我的读书生活竟然可以很明显地分成几个阶段，且每一个阶段都有着很明显的特点。

从小学四年级读《水浒传》开始，一直到我当民办教师以后的十几年时间，可以算是我读书的第一个阶段，我称之为“饥不择食”，那时农村真正喜欢读书的人并不多，很多家庭除了孩子上学的课本以外，甚至连一本书都找不到。所以，那时候我读书就有点饥不择食。几乎是遇到什么书就读什么书，根本没有挑选的余地。即便是我高中毕业回到本村小学当了民办教师以后，仍然难以改变这种饥不择食的状况。那时候的农村没有电视，更没有电脑，年轻的我，又正处在精力旺盛的时候，本来正是读书的大好时机，却苦于无书可读。自己虽然已经参加工作，但是每月只有几十块钱的工资，怎么能买书呢？偶尔进城逛一次书店，由于囊中羞涩，往往是踌躇再三，才狠下心来买上一本值得反复阅读并收藏的名著。向别人借书读吧，可村里即便是有人读书，他们也不会去买文学名著，往往都是一些通俗作品。于是乎，我便今天读一本武侠小说，明天读一本通俗杂志。在我最适合读书的十几年时间里，我只能饥不择食地读一些通俗读物和很少的几部文学名著。

从1995年到1997年，可以算作我读书的第二阶段，我称之为“恶补”。1995年，我在当了10年民办教师之后，考入了东营师范学校。当时我们这一批学员大都已经通过自学拿到了大专文凭，考这个中专学校的目的是为了能够转正。所以，学校里对我们的学习也就比较宽松一些。在一些同学忙着喝酒、交友的时候，我却发现学校的图书馆里有我渴望已久的许许多多的文学名著。于是，我便一头扎进了图书馆，读他一个昏天黑地。半年时间一晃而过，寒假就要来临了。可是，当时学校图书馆有规定，放假时学生不得把图书带走。这可如何是好呢？情急之下，我便去找校长。校长在看了我出版的诗集以后，立刻特批了一个条子，允许我放假把书带回家，并且还允许我每次可以多借几本书。即便是在我离开学校去实习以后，仍然可以去借书读。两年的时间里，我阅读了大量的中外名著，那时的我，有点像对自己进行一场恶补。大量的经典名著被我囫囵吞枣地吞下去，来不及消化。这有点像“三年自然灾害”时，有很多人饿得不行了，一旦有了吃的东西便会狼吞虎咽。听父亲说，那个时候不但有很多人饿死，也有个别人撑死了。父亲说其实那些撑死的人也是饿死的。像现在，整天能够吃饱的情况下，即便是再好的饭菜，人也是不会撑死的。我那几年的读书恶补，就有点像那些挨饿的人一样。好在大量读书是不会撑死人的，并且还使我开阔了眼界，为我日后的小说写作打下了基础。

第三阶段我称之为“按需而读”。在我学习写作的很长时间里，有很大一部分时间我读书是为了对自己的写作有所帮助，可以说是为写而读。2008年，我打算写一部反映云南和平解放的长篇小说，为了搜集素材，我便根据写作的需要阅读了十几本与此相关的书籍。2010年，我写反映中共中央特科的长篇纪实《揭秘特科》，更是搜集阅读了四十余种党史和描写情报工作的书籍。这个阶段很短，只有短短的3年时间。

第四阶段可以称之为“挑肥拣瘦”或者叫“精读品味”。在经过了一番囫囵吞枣地大量阅读经典之后，我觉得要想对自己的写作有所帮助，还必须要挑选一些适合自己的书去精读，唯有如此，才会对自己的写作有所裨益。这一阶段我读书的数量比以前有所减少，我有意识地挑选适合自己写作风格的书来读，并且对部分书还反复阅读和揣摩，《百年孤独》《莫须有先生传》《一句顶一万句》《白鹿原》等几部书我都是读了三遍以上的，这几本书对我的写作影响很大。

现在，我家离市图书馆很近，图书馆的藏书很多，基本能够满足我的阅读需要。星期天和节假日我有充足的时间去挑选自己喜欢的书读。工作之余，我把精心选择的书捧在手中，慢慢地品味，细心地揣摩，享受着大师们的智慧，使我的业余生活精彩无比。

和孙猴儿一起慢慢变老

王大庆

做了父亲，好处之一是可以和孩子一起重温儿时的各种故事书，重温当年从故事中得到的快乐。比如现在，如果不是为了给女儿讲故事，我想不起还有什么理由让我再读《西游记》，而且还第一次把全本100回从头到尾读完。

二十多年前第一次见到了全本的《西游记》。一直就没有读完，是因为自从猴子戴上紧箍成了悟空，《西游记》就如同众好汉上山之后的《水浒传》，变得了无意趣，令人气闷。如今耐着性子读完，倒也有些新发现。

不跟着唐僧去取经，就只能被压在五行山下。孙猴儿只好永别了花果山上的逍遥生活，按照佛祖菩萨的安排，戴着紧箍去降妖伏魔，最终修得功德圆满，“泼猴”成了“斗战胜佛”。当时年少，看书只图痛快热闹，眼里只有“大闹天宫”；如今做了家长，发现这个过程正是一幅人生写照：一个顽皮的孩子，在家长、老师的管束下，收敛了天性，走上正路，小学而中学，中学而大学，大学而“白领”，事业有成，皆大欢喜。

同理，孙猴儿成为“斗战胜佛”，读者也应该觉得满意。实际上，对这个结果表示满意的人也不少。比如明代的张潮，他在一本名为《幽梦影》的书里评论道：《水浒传》是一部怒书，《西游记》是一部悟书。意思大概是说，《水浒传》说的是人在走投无路时的愤怒，《西游记》说的是人必须紧缚心猿而牢拴意马，勘破机关，才能顿悟人生，修成正果。而西天取经乃是修成正果的唯一道路。但是，我的女儿对此有不同看法。在我与女儿就孙猴儿的一生进行探讨时，女儿毫不犹豫地选择做“泼猴”，而对“斗战胜佛”嗤之以鼻。其实根本用不着探讨，天下没有哪个孩子愿做“斗战胜佛”。“望猴成佛”只是佛祖菩萨的意愿，做一个“泼猴”才是孙猴儿自己的人生理想。

对父母来说，看着孩子一天天长大，总是让人高兴的事儿。2002年，女儿在差5天6岁的时候，上了小学。那天，我目送背着书包的小小身影走进学校大门，心里高兴的同时，又觉得另有滋味。有点儿失落也有点儿伤感，只是说不出缘由。现在，在给孩子讲《西游记》的时候，忽然明白，送女儿入学那天心中别样的感觉，乃是看着她从此告别率性自然、无拘无束的自由生活，头戴“紧箍”，别无选择地走上了“小学－中学－大学”这条取经之路，最终修成“白领”这个“正果”，悲哀而且无奈。

自己又何尝不是如此呢？

我能想到最不浪漫的事，就是和孙猴儿一起慢慢变老。从自然造化的石猴到齐天大圣，从齐天大圣变成取经的和尚，最后成为“斗战胜佛”，《西游记》写了一个猴子的一生，也是我们很多人的一生。

宇宙很大，等你去探访

杨雅莲

一个周末的中午，暖洋洋的阳光照进屋里，看到儿子晴朗的书架上有些灰尘，我决定整理一下，并随手扔掉了两本已经用完的贴纸书，很不巧被正在客厅玩耍的晴朗看到。他误以为我扔掉了他心爱的一本书，冲进卧室，号啕大哭。我再三解释“真的没扔”，他还是在垃圾桶里翻来翻去。虽然他哭得很伤心，但看他对书那么喜爱，我还是打心底里有些高兴。

在晴朗3个月大时，我在我的两个书架之间为他打造了一个“游乐场”，摆满了各种玩具。其实我想告诉他：书才是最好的玩具。在两个书架之间，他爬来爬去、蹒跚学步，玩汽车、溜滑梯……而我自己看书时都会在沙发上，这样晴朗在“游乐场”玩时，一抬头就会看到我看书的样子。至于他是否愿意看书我并不强求，我总认为，许多大人一年都看不了几本书，我凭什么要求一个婴儿养成读书习惯？但心思还是没有白费，1岁时，他突然爱上了阅读。

晴朗的书越来越多，我便专门为他买了一个书架，并告诉他：这个书架是属于你自己的。因为晴朗刚满3岁，他阅读的多是图画书。我为他挑选过好多与爸爸妈妈有关的书，例如安东尼·布朗的《我爸爸》《我妈妈》。在晴朗眼里，他的爸爸妈妈和书中的人物一样了不起，有着超人般的力量。书中孩子对父母浓浓的爱，他同样能够深深感知到。他会在看《我妈妈》的时候，嘴里轻轻哼唱“世上只有妈妈好”。有一天晚上，晴朗在睡觉前凑到我的耳旁悄悄对我说：“我爱妈妈，而且你知道吗？她也爱我！永远爱我！”这段话，就是他从《我妈妈》中引用来的。

在为晴朗选书时，我很着迷于那些有着奇妙想象力的作品。在我看来，相较于儿童文学而言，中国的孩子对科普作品关注得太少，而《爸爸带我看宇宙》和《爸爸和我》这样的书，恰恰是孩子对自然、太空和宇宙的初步探访。在《爸爸带我看宇宙》中，当牙医的爸爸下班后要带孩子去看宇宙。对孩子来说，那真是一段温暖而有诗意的经历，或许他长大后都不会忘记，那个成千上万的星星在天空中闪烁的夜晚；在《爸爸和我》中，小熊爸爸和小熊用一根具有魔力的树枝，画出了月亮和满天繁星……对于大人来说，一些琐碎的小事就足以让他们应接不暇，哪里还有心情与时间好好仰望一下星空？但对孩子而言，却不应该这样。他所探知的世界，绝不仅仅是他所生活的城市，甚至不止是整个地球。小小的他，心可以很大很大，大到可以装下浩瀚无边的宇宙。晴朗经常会对我说："妈妈，我们坐到月亮上好不好？妈妈，我们手拉手，去太空旅行好不好……""坐到月亮上""去太空旅行"，想想都美好。

晴朗现在看书时，不再单纯地听大人读，他开始学着讲述书中的故事并有自己的思考。有一天他读完《我爸爸》《我妈妈》后，奇怪地问我："妈妈，那一本《我》呢？"我愣了一下，虽然安东尼·布朗的这两本书已经成为经典，但如果再增添一本《我》，岂不是更完美？几天前，安东尼·布朗来北京，当我把儿子的这一提问传达给他时，他笑道："这真是一个好想法，我回到英国后一定好好想想，或许会创作'与我有关的事情'这样一本书。"

如果一个孩子只是喜欢书，生活大概也会乏味无趣。对孩子来说，这个大大的世界才刚刚开启。在他成长的道路上，还会拥有更多的爱好，或许是跑步、或许是旅行……但是阅读，在孩子所有的爱好中，应该是最核心的。

能够与孩子一起努力，享受阅读的乐趣，对我来说是非常珍贵且荣幸的。关于亲子阅读，我知道要学习的还有很多。就像儿子曾经对我说的：“妈妈，让我们一起，一点一点慢慢前进。”好的，那就让我们在阅读中，一点一点前进吧。

百愁之门

郑小驴

一

20世纪80年代是邓丽君、喇叭裤、迪斯科、贴面舞、去除精神生活污染的时代，可在我匮乏的童年记忆中，我努力搜寻这些在乡村稀罕的时代标记，却无功而返。我想起我们村第一个穿尖头皮鞋的人；想起第一个烫卷发的家伙；想起能让大半个村庄都听见的录音机，里面正播放着毛阿敏、谭咏麟他们的歌；想起80年代的流氓犯；想起深夜来我家躲计划生育惩罚的堂姐；想起浩浩荡荡的交公粮的队伍；想起严打时期被枪毙掉的小青年……我的记忆仅限于此了。后来我将他们写入了我的小说。

太阳东升西落，每天伴随着鸡鸣而晨起，狗吠而夜归，每一天并无不同。老农们农闲时，谈的依然是那些问题：

“你说什么时候能收复台湾呵？”

“中国原子弹那么多，怎么不打颗给美国佬试试呵？”

那些话题往往在月光下进行，有时后生们也往往忍不住要插嘴进来，世界大战于是开始了。你代表苏联，我代表日本，他代表美帝。后来读到毕飞宇的小说《地球上的王家庄》，莫名亲切。这些刚从集体主义脱离出来的农民，身上依然还带着深深的时代烙印。关心国家大事，喜欢修理地球。后来这种闲聊越来越少，后生也越来越少，都出去打工了。

80年代初，我的父亲作为中国第一代农村务工人员，踏上了他乡，开始了他近三十年的打工生涯。比我父亲活泛点的青年，则去广东、福建进厂。每到年底，故乡张开大嘴，将年初吐出去的人吞进来。他们背着巨大的背囊，带来南方的声讯。邓小平南巡、香港脚、台湾老板……世界很大，大得无边，五颜六色，看得人眼花缭乱，我有些恐惧这么大的世界。

二

我喜欢我们的小县城。县城不大，相当于现在大城市的城乡接合部。就像贾樟柯电影里的《世界》《站台》里呈现的那样，只是到现在也没有火车站。我喜欢这种格局，花上个把小时，就能把县城丈量完毕。在这里我可以看到上海羊毛衫的宣传广告、河南人的武术表演、温州人的发廊和穆斯林的兰州拉面馆。资江温顺地流往远方。这很好。再大点，保不准我就掌控不了了。

高三那年，满大街都在传唱刀郎的歌，每天在耳际狂轰滥炸，然而教室里空气沉闷而紧张，书本是沉的，课桌是沉的，双脚是沉的，连头顶的吊扇也是沉的。没有任何东西可以在这里飞翔起来，哪怕是笑声。唯有刀郎的歌整天在耳边飞翔着。终于把我给听腻了，彻底腻烦了。我发誓再过十年，我也不想再听到他的声音。就像父辈们被红薯烧坏的胃，这一辈子也不愿再吃这玩意儿。

我跑去县城仅有的两家音像店，带着一丝的企盼，希望从那些琳琅满目的流行消费品中寻找与众不同的蛛丝马迹——我的目光跳过刀郎、周杰伦、李宇春，试图在那个最不起眼的角落里，找到不一样的东西。我希望能和那些庸常的东西区别开来。我看到了双眼蒙着红布的崔健，那是属于80年代的崔健、理想主义的崔健，沧桑而凌厉，神情严肃……还有背着吉他一脸忧郁的许巍和依然处在青春期里的朴树。没有任何人向我推荐这些人，身边也没看到有人在听他们，完全听从于内心的某种召唤，从他们截然不同的封面美学传递给我的感受中，我选择了他们，寻找到了组织。后来我从这种辨识度中总结出了经验，这种经验不仅仅用在淘磁带上，还包括书籍。我能在很短时间内对书做出判断，它适不适合我的胃口。那时我感觉像拥有了打开这个世界的密码。我套用着这个密码，推开一扇扇门。

17岁生日那天，我戴着耳机，将音量调到最大，听着崔健吼："……那天是你用一块红布，蒙住了天也蒙住了地……"有种被洗礼和启示的震撼。好比被父亲汗水浸透的锄头把，和高高扬起的谷物。这是来自父辈的力量，来自80年代的力量。我想80年代对我们而言到底意味着些什么呢？它不过是父辈们的时代。他们提起我们，总带着恨铁不成钢的神情，觉得我们是缺乏生气的一代，是"精致的利己主义者"。可这毕竟不是80年代，我们只能从自身出发，寄托于这代人的情感模式，从其中寻找新的表达方式。17岁那年，我希望和周边人区分开来。我体验着"异质"带来的精神优越感，渴求出门远行，不安分地审视着自身所处的世界。这种感受好比读余华的《十八岁出门远行》，我想象自己就是那个独自出远门的孩子，兴致勃勃中夹杂着一股好奇、荒诞的体验。毫无疑问，所有的体验中，文学的体验感来得最强烈。

我记得那个迷茫的夏天，躺在凉席上读《平凡的世界》的场景。那真是在最恰当的时间遇到了最适合的读物。每代人都会有那么几本书在青年时代影响过自己。前几天和父亲看徐克导演的《智取威虎山》时，他说青年时代竟然读过《林海雪原》《创业史》，让我愕然。他说起书中的名字和情节，如数家珍。那是在他阅读饥渴期的心灵打上烙印的读本。就像我17岁那年躺在乡村的凉席上，窗外是昆虫制造的噪音世界，唯有沉浸在《平凡的世界》里，将自己置换为孙少平，心才能真正平静下来，并获得力量。

在孙少平的身上，我感受到了文学具有的普遍经验所带来的魅力。在那个夏天里，我靠着这本书走出了青春期的阴影，重拾了生活的信心。这是励志文学的力量所在，它积极向上，永远崇尚光明，就像舞台上挥舞着拳头高声替你打气的人，让你亢奋，告诉你坚持、努力、奋斗就会迎来光明，会获得心灵的升华。这已经不仅仅是文学的力量了。我在读从哥哥那儿得来的《包法利夫人》时没有这种体验，在读《简·爱》时同样没有这种体验。恰好相反，我阅读后感到了忧郁。颓废而哀思的文风让我着迷。我终日沉湎于个人的想象世界里。我常幻想老家地下存在着另外的一个崭新的世界。对此我饶有兴趣地构建了很长一段时间，今天我宣布地下有了青草和绿树，明天加个太阳，后天再添购河流、月亮和粮食。像上帝创世纪一样，我兴致勃勃地完成了这项秘密工程，给它命名，发号施令。我设想地下世界的生活无拘无束，自由自在，无须看人脸色，远离世界的中心。相比路遥，郁达夫、三岛由纪夫、萧红、太宰治、加缪更对我胃口，我沉醉于他们的世界，不免哀伤自叹，顾影自怜，暗想世界也许真的就是这样吧。这种颓废的美学有段时间让我深深痴迷。

我还记得18岁暑假在老家读《在细雨中呼喊》的情景。玫瑰色的晚霞烧透了半边天，远方层峦叠嶂的黛色山脊愈发黯淡下去。香椿树上的蝉声镇压了整整一个下午的宁静，此时发起冲锋号，雨点般的昆虫啁啾声攻占了整个世界。我合上书，神色黯然地走出家门，走在乡间阡陌上，余华的书在我内心无疑制造了一场混乱，惊起阵阵涟漪。我久久不能平息阅读过后内心涌来的各种想法。各种各样的念头在脑海中安营扎寨，无数个小说在酝酿，在开头，在结尾。我变得暴躁不安，唯有纸和笔能驱赶内心深处延伸出来的各种狂乱臆想。我明白，只有文字能让我真正得以平静。也是从那时起，我开始有意识阅读当代作家的经典文本。我得感谢时代文艺出版社出的那套“中国当代小说50强”的丛书，从中我阅读了很多当代作家的作品。残雪、韩少功、张炜、张承志、苏童、林白等人，就是那时候走入我的视野的。这一长串的名字和作品，充盈着我的大一、大二的课余时间。

从小我就喜欢阅读，然而家里能供我消遣一个下午的只有大我八岁的哥哥堆放在阁楼上的教科书。我贫瘠的阅读史从他的历史、语文教材开始。在那儿我知道了王尔德和欧·亨利。有一天我家窗台上突然多了一本没有封面的杂志。记不得它从哪里跑到我家来的，无头无尾，密密麻麻的字，不像是《故事会》，也不像《家庭》。我竟然被它吸引了。那么严肃的文字，而且是老外写的，老长一串的名字，但这都不妨碍我沉浸其中，读完后长达半天地迷惑。很多年后，我再回想那天所阅读的对象，才恍然大悟，它是萨特的《墙》。我当时的迷惑是理所当然的。

我得感谢少时贫瘠的阅读环境，使我长时间处于阅读的饥渴状态。在没有新书可读的时候，我像个盗贼一样游荡于村庄的各个角落，搜寻可以阅读的只言片语，哪怕一张旧报纸，也不肯轻易放过里面的边边角角，连里面的广告语都要津津有味看上半天。那时最快乐的事莫过于捧一本喜欢的书躲在安静的角落里看他个痛快！可世界离我很远，离我所在的村庄很远。我不知道萨特，更不知道存在主义；没听过崔健，搞不懂摇滚是什么名堂。当时基本是逮着什么读什么，也不求甚解。记得初中时，学校有一个小型的阅览室，每次借阅一本书一毛钱。在那里我读完了卡夫卡的《变形记》、高尔基的《童年》和路遥的《人生》。进入大学后，我发誓要把之前阅读饥渴的光阴恶补回来。我像个饥渴症患者，有空就往图书馆跑。那里有丰盛的宴席。我以在借书卡上填写自己的名字和更改借读时间为乐。有些书在图书馆里蒙尘已久，借书卡上写的上一次借阅时间还是十多年前，甚至遥远到我还未出生。将这段漫长的时间再次衔接上，让我感到骄傲。我如一个饿坏了的孩子，面对着一堆美味佳肴，顿时成了饕餮之徒。

19岁那年夏天，我从图书馆里借了近十本书，带回了炎热的长沙。白天给父母做事，空暇时间在环境极其恶劣和嘈杂的建筑工地上，我读完了《爸爸爸》《马桥词典》《九月寓言》等书。韩少功的沉思与睿智，张炜的浪漫与苦行，它们实实在在地影响了我。通过阅读这些文字，它们再次唤醒了我之前创作的冲动之心。然而内心里有东西需要表达和宣泄，却苦于找不到突破口。那年夏天让我变得焦躁不安，看不到任何的前途。直到某个晚上，我在铁道学院的自修室里摊开练习簿，终于写下了处女作《1966年的一盏马灯》。那个夜晚仿佛很甜，它属于嗅觉上的感官回忆。写作带动着我的兴奋劲儿，就像发掘到了一笔宝藏。那个夜晚，坐在没有空调的教室里，我挥汗如雨，一口气写完了万字篇幅的短篇。通过写作，我将长时间郁积于心的阴云一扫而空。完稿后，我走在灯光暗淡的校园里，抑制着忍不住要大声呼喊的冲动。我想宣誓，告诉每个人，我完成了一篇小说。然而我一个人也没有告诉。那个夏天，我躺在滚烫的竹夹板铺就的床上，用收音机听完了世界杯的最后一场比赛。齐达内用头顶翻马特拉齐的那一刻，我在收音机里听到了播音员的诧异声。齐达内用这种不可思议的方式告别了他的最后一届世界杯，而我却在那个夏天义无反顾地踏上了文学写作的道路。从此我爱上了足球。

旧书单里的老情怀 潘小娴

说起书单，读者并不陌生，因为经常会看到一些作家罗列“读书单”，这是一种提供给读者自己购书和阅读的简单书单。而俞晓群《那一张旧书单》里所关注的书单，不仅仅是一般意义上具有购书指南或阅读指南性质的简单读书单，更涉及未成“书”时的书单，这种书单是为出版选题而出的“选题单”。

俞晓群认为，出版人终日忙碌，就是在找寻一种既可以承载文化又可以让读者喜欢的书单，而这些好书单，往往来自那些认真严谨的专家名家。本书开篇《那一张旧书单》便细说梁启超、严复、胡适、张元济、陈独秀、王云五、沈昌文、程千帆等名家为选题而出的书单。名家们推荐书单时，态度认真，思考严谨，精神执着。书中谈到一位叫程千帆的老先生推荐书单的情景极其让人动容。程千帆老先生已经86岁高龄了，几乎提不动笔了，但他让妻子代笔来信，告诉出版人自己对“新世纪万有文库”这套书的建议，并列出自己的好几种书单，其真挚之情，让人读来感动不已。

因为名家们研究和关注的方向不同，推荐的书单自然各有侧重点。比如，有张元济的国学书单，严复的译书单，梁启超为商务印书馆开的书单，胡乔木为“汉译名著”开的书单，赵一凡、林载爵为“剑桥学术集萃”开的书单等。这些书单，视野开阔，品位高端，用现在的流行语说，就是“高大上”。而也正是有了学者专家们推荐的“高大上”书单，俞晓群先后策划和主编了“国学丛书”“书趣文丛”“新世纪万有文库”“万象书坊”等一系列广为读书界赞誉的好书。俞晓群说：“许多时候，我们会被市场经济的创新精神搞乱思想，以为什么东西都是越新越好，其实不然，起码文化不然，文化最讲求传承精神，没有传统的依托，所谓创新思想或产品，往往是站不住脚的。”此番话，精辟地解读了老先生们那一张张旧书单里所蕴含着的文化传承魅力，同时也凝聚着作为一个出版人对于文化的责任感以及隐藏在内心深处的传承情怀。有时候这种文化传承情怀，还会成为一个人一生为之奋斗的目标，乃至还可成就一番耀眼的基业。

还是在《那一张旧书单》这篇文章中提及了“光绪皇帝的书单”。戊戌变法前，张元济在总理衙门供职，光绪皇帝喜欢看“新书”，所谓新书，主要是一些译介西方文化的著作。于是光绪皇帝经常通过总署转来书单，让张元济采购。光绪皇帝曾对张元济说过一句话："外交事关紧要，翻译必须讲求。"光绪皇帝对于阅读"新书"的渴望，让张元济终生难忘，也让他看到文化封闭如何造成了中国落后，更为他一生奋斗埋下了伏笔。后来，张元济开创了商务印书馆，引进西学，投入了毕生精力，形成了商务印书馆百年译书的传统基业。

"我们的理念：为建立一个书香社会而奠基！"这是俞晓群在辽宁教育出版社工作时，拟定的出版宣传词，为建立心目中那个理想的书香社会，俞晓群先后策划和主编了"国学丛书""新世纪万有文库"等一系列广为读者喜爱的重头书。当然，书香社会的健全，少不了儿童的阅读。本书中还在"淘民国童书杂记""在那里，我们发现了什么？——整理民国童书侧记"等篇章重点描写了对民国童书的研究、搜集整理和出版，读后让人感触良多。

我之所以感触良多，是因为曾经在广州文津阁书店看见一本商务印书馆编印的《小学生文库》第一集，主编是著名出版家王云五和徐应旭，出版日期为民国二十三年，封面已经不见踪影，手一碰书页，偶尔就会看到一些碎纸屑掉出来。看着这样破旧不堪的童书，有一种文化正在慢慢消逝的心痛感觉。如今，俞晓群在海豚出版社着力出版“幼童文库”“小学生文库”等民国童书，不仅给了爱书人极大的安慰，同时也让曾经残缺和散失的童书，接续起了已经断层的文化阅读。更重要的是，这些童书的出版，对现今中国的教育理念，还有着一种重新思考的意义。

俞晓群认为，民国童书最重要的好处表现在教育理念上，就如张宗麟先生在《幼稚园的社会》序中写道：“我们做幼稚园教师的要想免去罪恶，只让孩子们到他们自己的社会里去，不要拉他们到我们的社会里来。我们最大的工作，只可以从旁帮助他们组织社会，供给他们需要的材料。正如园丁对于花木只能给肥料、水、和调节温度，断不能使一粒种子在一天之内变成开花结果的植物。”

民国的教育理念，是让孩子充分享受他们天真美好的童年社会，不要过早地硬拉孩子到成人的社会中。反观我们今天的儿童教育理念，却过分拔苗助长，过分注重孩子的智商，比如，读什么重点学校，考的是不是双百分等，但对孩子的意志、耐受挫折等情商方面的品质，却忽略不提。面对孩子们日渐缺失的最重要的生存训练，俞晓群特别把残旧的民国童子军童书整理出版成《民国童子军独立生存手册》，内容包括《幼童军》《初级童子军》《中级童子军》《高级童子军》《童子军智囊》《童子军游戏法》《童子军结绳术》和《童子军露营须知》。俞晓群说，童子军能够看一看树皮上的青苔，或天上闪烁的明星，分辨东南西北；能够隔着山河，用旗语通话，或用灯光传讯；能够告诉你树木和鸟兽特性；能够给伤者包扎；能够在荒野露营，洗衣煮饭，自食其力；身体健壮，不乱吃东西，经常洗澡……一句话，书中不仅包括一些诸如日常卫生健康、身体锻炼等生活常识，还包括大量的户外运动、游戏以及必需的生存技巧，这对于现今缺失生存训练的孩子们来说，非常有现实的锻炼意义。

“一个人的可敬之处，在大事；可畏之处，却在细节。”这是俞晓群在《陈昕印象》一文中对陈昕的评价。我觉得，这句话也可套用来评价本书——“《那一张旧书单》的可敬之处，在大事；可畏之处，却在细节。”书中关乎很多大事，西方启蒙运动苏格兰的“文人共和国”、电子书与网络阅读、对孔子学院兴盛的思索、德国法兰克福书展的经历等，梳理上下历史，旁观古今中外，视野开阔，下笔纵横，显出了一个出版人的可敬风度。但在细节上，却又让人有敬畏之心。俞晓群还描写了自己过往的藏书记忆、阅读经验，还有与沈昌文、张元济、董桥等书香前辈们交往的旧事，轻轻松松地把高高在上的学者们拉近到读者的身边。尤其是书中还有不少黑白插画，配上精辟犀利的语录，朴拙幽默，逸趣横生，有书香气，有烟火气，也有民国童书的怀旧气。插画作者是“笑宇”——笑宇，让整个宇宙因阅读而欢笑，这真的是一个让人敬畏的理想书香社会！

阅读，是一场超现实主义的梦境 郭凤岭

昆德拉的书差不多已经到了这个地步：无论如何，总要买回来看看；即使不看，也要买了摆在书架上——怕错过之后，相遇再难。当然，读昆德拉不排除附庸风雅的成分。不管怎么说，与昆德拉相遇，似乎已经成了60、70、80年代一部分人的文化宿命。

说实话，对于昆德拉，我也曾盲目崇拜过。之所以说是盲目，是因为我读昆德拉其实读了没几本，也就五六本吧—— 除了那本铺天盖地的《不能承受的生命之轻》，还有那本我最喜欢的《生活在别处》，再到后来的几本随笔集，就没有了—— 四五本书就崇拜昆德拉，难说这崇拜不是盲目的。

我曾试图把文章写得好看。写得好看，其实不难，有话要说，把话说好，就完事了。但说起来容易，写起来难。说跟写，天壤之别。对于昆德拉，对于昆德拉与我，我是有话要说的。至于能不能说好，我不敢保证，因为我写文章有个毛病，就是总喜欢装腔作势。而这个毛病，正

是因为读昆德拉才落下的。

大学的时候学校餐厅前边的广场上，经常有书贩子过来摆摊卖书，卖的都是特价书，五块一本或十块一本。那个时候我不知道什么叫盗版书，我觉得盗版书跟盗版碟一样，分不清是盗版还是正版，只是购买者的心理不同罢了。于是去餐厅吃饭，只要看见有卖书的，就总会买。有次买了两本昆德拉作品的合集，还有次买了两本罗素的《西方哲学史》。《西方哲学史》看下来，记住的地方不多，错别字挑出来不少，且都做了标记，冥冥中为以后做图书编辑埋下了伏笔。昆德拉的两本合集错别字极少，所以当时就认为那是正版的。其实是纯正的盗版。我最初读《不能承受的生命之轻》跟《生活在别处》，就是在这个盗版集子里读的。

《不能承受的生命之轻》，我看得比较混乱，后来看了它改编的电影《布拉格之恋》，还是没有搞清里面的人物关系。现在想来，要么是这本书的故事像个梦境，要么是我看这本书的那段时光像个梦境。又或者，那与昆德拉的第一次相遇，本身就是个梦境。因为，关于书与梦境的故事，在我身上确实发生过。

有一段时间，每天晚上需要通过看书来入睡。翻个两三页书，困意来袭，倒头就睡，那感觉是相当幸福的。这还不算完，有意思的是进入睡眠以后，便开始做梦。梦境是从入睡前看到的书中的情节开始的，也就是说，我在梦里继续看书啦。有时候，甚至能够记住梦里读到的句子，更甚至，明知自己是在做梦，还是能够继续做梦，继续在梦里看书，也就是说，我不但可以在梦里看书，还可以在梦里看到自己在看书。这是个很奇特的体验。由于第二天早上醒来便忘记许多细节，我不知道自己是不是也可以在梦里控制书中的故事情节，如果可以的话，那就更神奇了，简直跟《盗梦空间》雷同了。不过这种灵异的体验只持续了大概半个月的时间，等我意识到要努力将梦境记录下来，作为一部伟大小说的素材时，它便过早地结束了。

我怀疑我读昆德拉《不能承受的生命之轻》，也是一个梦。这么多年过去了，我能记住的，只有一个男人，两个女人，游泳池与镜子里的裸体，还有昆德拉独特的叙事方式。

或许还有大师的一些只言片语。但如果说这本书对我最大的影响，还是昆德拉所推崇的，也是他在这部小说里娴熟运用的小说创作中的复调叙事方式。这个影响使我在第一次写作小说的时候，就充分利用自己模仿的天赋，最大程度地模仿了偶像昆德拉的风格。而但凡模仿，都难逃拙劣，所以现在回过头来看看，无法忍受自己的写作，更无法将其拿出来示人。

紧接着读了《生活在别处》。这个小说读完，我深深爱上了里面的人物雅罗米尔及其幻想中的替身泽维尔。我觉得书中所描写的那个“抒情时代”，青年雅罗米尔的“革命激情”，精神替身泽维尔在梦与梦之间的过渡，都完全契合了我的青年时代的精神境遇。

当一个梦还很生动，另一个他意识到的梦已经开始。

这句被我反复咀嚼品味的话，正是昆德拉对泽维尔这个人物的生命状态的描述，也成为我整个青年时代的现实与梦想，以至于我把“别处”作为自己的网名，用了10年之久。10年，我把自己最宝贵的10年，作为对昆德拉这本书的致敬，献给了一种恒在别处的生活。

从一个梦过渡到另一个梦，从一种生活过渡到另一种生活。

而我无法像泽维尔一样做到游刃有余。

写到这里，我才突然发觉，我与昆德拉最初的相遇，我在青年时代读到的他的两部小说，竟然都与“梦”有着千丝万缕的联系。这种联系，神秘而诡异，伴随我懵懂的青春岁月，时而宁静，时而疯狂。

看完这本书，我又写了一本小说。但这本小说到现在也没有写完，中间改了又改，每次都是从头改起，改到不想改就放弃了，所以这本小说的开头部分已经炉火纯青了，后边却很烂。也早已不是昆德拉的风格了。但曾经是好多其他人的风格，比如看了王小波之后，它是王小波风格，看了卡尔维诺之后，它又是卡尔维诺风格……后来只有干脆不写了，不改了。至于它如今是什么风格，我也说不上来，大概它只是我青春的一个记忆，代表我青春的风格吧。

每个人的青春，都会有几个所谓偶像。而昆德拉在我心里一直没有过时，即便偶像这个词几经变化，曰粉丝，曰屌丝，在90后话语权日益强大的今天，我还是觉得昆德拉好看。只是现在再去看昆德拉，已经不是那种懵懂的状态，而是多了些理性与判断力。这种判断力的获得，应该是从读昆德拉的非虚构作品开始的。

《被背叛的遗嘱》《小说的艺术》《帷幕》《相遇》，昆德拉的这四本随笔集，我都是在工作之后读的。当然，由于我做了出版，对买书读书有了讲究，看的自然不是盗版书了。

这几本集中了昆德拉小说理论的书，使我得以跳出他的小说，从小说之外看小说，有了反观的和整体的视角，而这正是提高判断力的必要条件。这无疑对我的写作是大有帮助的。只是，我并没有因此而萌生继续写作小说的想法，因为我越是发现了真理，就越觉得自己一无所知。

直到有一天，我突然发现这正说明我老了。我已经没有了“抒情时代”的“革命激情”，我已经不再那么强烈地渴望别处的生活，不再像泽维尔那样“从一个梦过渡到另一个梦”，我已经很少做梦了。我甚至不能选择我想要的生活，更别说“从一种生活过渡到另一种生活”了。对于生活，我似乎已经麻木了。对于写作，我也失去了表达的欲望。

我突然感到一种无尽的悲哀。我觉得我的青春在某天早晨睁开眼睛的一刹那，就突然消逝了。我的文字因为缺乏激情，甚至因为缺少了装腔作势的姿态，而变得不再可爱，就像人到中年的我，了无生趣了。

一切都发生得那么突然。突然的分离，一如突然的相遇。

2010年，中文本《相遇》出版。这是昆德拉的最新一部作品。他在这本书的扉页上写道：“……和我的思考以及回忆相遇；和我的旧主题（存在的与美学的）还有我的旧爱相遇……”就这样，我再次与昆德拉相遇了—— 通过这本叫作《相遇》的书。

这是一场盛大的相遇：一次各种艺术形式汇聚一堂的相遇，一次昆德拉与他的“思考以及回忆”，与他的“旧主题”还有他的“旧爱”的相遇，也是我在激情年代过后蓦然回首尽显沧桑的年纪再次与昆德拉的相遇。

《相遇》仍然是一个复调叙事的文本：通过一场“一把雨伞和一台缝纫机”的相遇，完成了一次超现实主义的文学之旅。而阅读本身，也成了一场超现实主义的梦境。

人生，亦如一场复调的叙事。看似混乱，实际上却是因果相连，环环相扣。假如十年前我没有与昆德拉相遇，假如我没有读《不能承受的生命之轻》，假如我没有读《生活在别处》，我的人生，还会是现在这个样子吗？

然而，相遇并不必然带来某种结果，相遇可能会让人尴尬，相遇可能预示着再一次的分离……但相遇本身，也正是相遇的意义——正如一把雨伞和一台缝纫机的相遇。

村上春树的三张面孔　潘小娴

说起日本作家村上春树，中国读者最熟悉的当是那一张“小资”面孔。被誉为“村上专业户”的翻译家林少华教授曾在某次村上春树的新书发布会上谈到了自己衡量小资的标准：一是喝不加糖的卡布其诺，二是听德彪西的音乐，三是读村上春树的小说。而被称为标准的海派小资作家的毛尖则认为小资应该有着自己严格的艺术趣味和艺术消费：文学类，要懂得欣赏村上春树的小说；电影类，要懂得欣赏基耶洛夫斯基的影片；音乐类，要懂得欣赏德彪西的印象派音乐。毋庸置疑，有关村上春树的阅读，似乎一直成了中国小资最标准的阅读风格。林少华教授就曾如此断言：村上春树的小资情调，就是中国一种特有的读法。

有趣的是，关于村上春树的小资面孔，在新井一二三撰写的《芦屋因缘：从〈源氏物语〉到村上春树》一文里也有迹可寻。芦屋位于大阪–神户中间，是所谓阪神地区的心脏部分。新井一二三在文中谈到了芦屋这个地方对日本作家的影响：芦屋在日本名气之大只有东京的阔人集中地田园调布能相比，描叙日本富贵家族生活的文学作品多以芦屋为背景，其中著名的，战前有谷崎润一郎的长篇小说《细雪》，战后有山崎丰子的经济小说《华丽一族》，如今国际上最有名的日本小说家村上春树更是在芦屋长大的，他的早期三部曲《且听风吟》《1973年的弹子球》《寻羊冒险记》背景均设于此。更有意思的是，文中还强调了20世纪初产生的“阪神间摩登主义”给作家创作带来的深远影响：背景设于1930年代末芦屋上流社会的小说《细雪》，其四姐妹住的是有壁炉的半西式日本房子，她们热衷于春天赏樱花、夏天捉萤火虫等传统游戏，但是回到家中就大口喝啤酒或者开瓶白葡萄酒尝起来；村上春树的出道作品《且听风吟》里出现的音乐、电影片、饮料、食品等，没有一个专用名词是日语的，反之全都是外来语，他的文字被指出明显有英语文法的影响，若他不是受阪神间摩登主义的熏陶长大，作品风格大概会很不一样。

新井一二三的话，无疑为村上春树“小资”面孔的形成提供了一个可以触摸的视角，同时也为村上春树的另一种面孔——“疏离感”的形成，提供了一种真实的视野。林少华教授在《人生旅途中的风吟》里,对村上春树的这种“疏离感”面孔，进行了进一步的解读。

美国作家哈特费尔德这样说道：从事写文章这一作

业，首先要确认自己周遭事物之间的距离，所需要的不是感性，而是尺度。林少华教授则认为，村上春树从创作的第一部作品《且听风吟》开始，就在语言和对人两个方面表现出了很强的距离感。村上春树曾说，日本小说过于利用“日语性”，以致“自我表现这一行为同日语的特质结合得太深，没了界限”。所以，他对语言同自己的距离采取一种玩世不恭的游戏态度，“先用日语写一点点，再翻译过来。结果觉得很顺手，那以后就一直用这种文体。”因此他的小说语言体现出了明显的英语文法。至于对人的距离感，则表现在村上春树几乎从不直接写自身的经历和体验，不写家庭。其结果导致了同“日本式土壤”保持距离，进而同日本这个社会保持距离。林教授说“距离感或疏离感，连同虚无感、孤独感、幽默感，构成了村上春树作品的基本基调。它无法捕捉，又无处不在，轻盈散淡，又叩击心扉，凉意微微，又温情脉脉。”而也正因为这一种温情脉脉的疏离感面孔，俘获了众多读者。

《〈海边的卡夫卡〉现象及其背后》一文则为我们提供了村上春树的第三张面孔。日本文学评论家小森阳一认为村上春树的《海边的卡夫卡》提供了一种心理“疗愈”，其故事结构中明显贯串了与战后日本特殊的历史性相关的种种隐喻和指涉，这部小说并非一部单纯描写了一个15岁少年成长经历的作品，在某种含义上，它已经构成了一个关于战后日本国家历史的影射和寓言。而这一个村上春树的面孔，也正是欧美国家众多读者习以为常的阅读面孔，但与中国那种小资的时尚面孔却是大相径庭的。

从村上春树的三张阅读面孔，我们看到了文化的异质性，以及村上春树文学在中国实现的本土化——在一个特定的读者群体之中，实现了同一方式的小资阅读。诚然，对于一部作品，每个读者都有自己理解和解释的自由，任何一种阐释都不可能替代或割裂其他方式阅读的可能性。所以，不管小资也好，疏离感也好，“疗愈”也好，都代表着读者们对村上春树的无比的爱。

我们发明的那个门罗 唐山

对真正的小说读者而言，近期两个出版事件比世界杯更精彩：一是门罗《亲爱的生活》中译本面世，二是“短经典”再度发力。有趣的是，都聚焦于短篇小说。

因诺奖和布克国际奖的缘故，去年短篇小说突然成了风尚，国内也立即热了起来，颇涌出几位短篇作家，只是读来无法恭维：一位似乎分不清小说与散文的区别；而另一位几乎每篇作品都会天降一位老教授（老艺术家、老良心犯之类），每天以拯救我那卑微的灵魂为己任；还有一位把抖包袱当成相声，又把相声当成小说……

然而，他们都宣布热爱门罗。

数字时代，“套磁”是必备的生存技能，《围城》里褚慎明喝过罗素的茶，结果就成了他帮罗素“解决了几个小问题”，比如茶里加不加糖、加几块糖之类，别人无法代答，这比“兄弟我在英国的时候”，就要高大上。

然而，褚慎明必须见过罗素，“兄弟我”也必须去过“英国”。

而热爱的成本就低多了。马尔克斯去世时，无数中国作家连他的茶都没喝过，却在微博上伤心欲绝、天崩地裂，不过是抄袭过人家几个句子，模仿过人家的写法而已，何必如此情深意切？似乎一点也不担心，万一真感动了马尔克斯的在天之灵，一高兴把他们统统带走。

说实话，我不太相信有多少人真读懂了门罗，也不太相信门罗这样的写法能赢得很多粉丝。

是的，门罗会讲故事，似乎也有一点儿女性的细腻、朴实与忧伤，这让一切自封为弱势群体且顾影自怜的人如遇知音，但写出好故事就是伟大作家吗？发点儿女性牢骚就可以走向不朽？

这，其实忽略了现代文学与传统文学的根本区别。在西方文论史上，有过一次著名的争论，即：陀思妥耶夫斯基和托尔斯泰谁更伟大？最终认同前者的声音似乎更占上风，而陀思妥耶夫斯基与卡夫卡之间的接力，被认为是现代主义的分水岭。

传统小说是全知全能的，支撑它的是“理性万能”的迷梦，然而，两次“世界大战”彻底粉碎了人类的虚妄，事实证明，理性主义不仅没能制止悲剧，还成了杀戮的帮凶。当数百万犹太人被送进焚尸炉，整个欧洲都在追问：如果没有现代科技助力，如此规模的种族灭绝如何实现？

从抓人，到运送，到关押，到杀戮，难道参与其中的所有纳粹都毫无人性？为什么竟无一人网开一面？理性作为工具，当它强大到一定程度时，就会绑架我们，可为什么直到大难临头，我们才明白这一点？

一个逻辑严密的世界在一瞬间崩塌了，数百年形成的小说传统突然变成一系列谎言，作家们在反省：面对复杂世界，理性绝非万能，在逻辑的智慧外，还应有小说智慧的观照，那就是嘲讽，当世界像个傻瓜那样昂首向前时，只有小说躲在阴暗的角落里，第一个笑出了声。

如果说，传统小说在努力讲一个好故事，以教育人民，现代小说则在努力讲一个好寓言，以拓展新的思考空间。

无法逃避，我们生活在一个泛故事时代，电影在讲故事，电视在讲故事，连新闻都在讲故事，门罗也只好讲故事，但以为小说就是讲故事的手艺，那实在是《故事会》《知音》们下的蛋。其实，门罗并非单纯地在讲故事，她的故事中容纳了小说艺术的深厚传统。

以《多维的世界》为例：

多丽德嫁给了带有诗人气质的先生，一次争吵，先生精神崩溃，杀死了他们的三个孩子，以后几年，多丽德一边工作，一边奔波在去监狱探望的路上，她已不再爱他，但无力摆脱习惯的生活。小说到此似乎陷入僵局，然而，一次车祸让她顿悟，原来生命如此脆弱，生活可以改变——她从探望的路上逃离了。

乍一看，这个小说表现了女性在生活中的弱势地位，然而，与茨威格的《桎梏》对读，就会发现另有深意：

一位德国画家和夫人在瑞士森林小屋中生活，一天，他收到纳粹发给他的入伍通知书，家人劝他，纳粹不会来的，况且他还可以逃，他的夫人希望用爱留住他，但他坚持："他们会找到我的。"凌晨，他悄悄地告别了一切，奔向德国兵营。小说到此似乎也陷入僵局，然而，在国境线上，一火车伤兵让画家顿悟，生活可以改变——他转身而逃。

毫无疑问，门罗模仿了茨威格，因为故事的结构就那么多，好故事早被前人写尽了，后人只能翻造。茨威格在思考是什么在我们的心灵中埋下桎梏，使我们宁可放弃尊严、自由、爱与生命，他的答案是恐惧，而门罗进一步扩大了这个主题，她试图告诉我们，即使没有希特勒，习俗、日常与他人也是一道道枷锁，平庸的生活也会将我们套牢在悲剧性的命运中，自甘沉沦。

不读《桎梏》，其实无法读懂《多维的世界》，在门罗笔下，有太多前人思想的成果，我们可以忸怩作态地说，门罗写到我心里去了，她感动我了，但现实是，没有足够的阅读宽度，感动我们的其实是另一个于丹。我们发明出了一个门罗，但那不是真正的门罗。

短篇小说是深沉的艺术，而非倚门卖笑的娼妓，皮相易克隆，精神的高贵却很难移栽。真正的短篇小说需要热吗？可能热吗？热的只是一夜成名的功利心，与小说艺术何干？只能刻薄地说：对于想保持自己品味不被降低、不被污染的读者，多看外国作家怎么写，少看“低仿”，才是最好的选择。

所以，还是读《亲爱的生活》和“短经典”吧，别把当下的“短篇热”太当回事。

书中自有千钟粟
书中车马多如簇

面朝大海，春暖花开

朴素

在一个高档别墅的广告词里，我看到了一句熟悉的话语：面朝大海，春暖花开。我知道这是已故诗人海子的名句，如今变成广告词，世界的变化是多么快呵。我读海子的第一首诗是《秋》——用我们横陈于地上的骸骨/在沙滩上写下：青春。然后背起衰老的父亲/时日漫长，方向中断/动物般的恐惧充塞我们的诗歌。谁的声音能抵达秋之子夜，长久喧响/掩盖我们横陈于地上的骸骨——/秋已来临。没有丝毫的宽恕和温情：秋已来临。这首《秋》让我感慨万分，让我想起民国以前历代死囚“秋后处决”的残酷以及“秋后算账”的古老传统。难怪诗人史蒂文森会说：“诗歌的可贵性在于它是一种内在的暴力，为我们防御外在的暴力。”

然而海子始终是浪漫的，抒情的，“亚洲铜，亚洲铜/看见了吗？那两只白鸽子，它是屈原遗落在沙滩上的白鞋子/让我们——我们和河流一起，穿上它吧。”“故乡的小木屋、筷子、一缸清水/和以后许许多多日子/许许多多告别/被你照耀/过完了这个月，我们打开门，一些花开在高高的树上/一些果结在深深的地下。”这些诗歌随着忧伤的细风吹散到人世间的各个角落，让拾到吉光片羽的我们深为惊讶，知道这个世界还有温暖人心的文字在流淌，知道这个世界还有甘于寂寞的诗人在歌唱。在一个白衣胜雪的时代，诗人的存在无疑具有一种昭示性。“诗是人的一种永恒需要。”博尔赫斯如是说。

海子是一位有着原初素质的赤子，一位童真诗人，一个有着巨大力量的歌者，他从刀耕火种中来，而接源于西方的文化形式和精神，他歌唱人类、自然和生命，歌唱一切已知和未知、神圣与光荣。不管他的短诗，还是长诗，不管其指意是明朗的，还是晦暗的，他的诗都有着阳光般的质地，他是20世纪中国最伟大的浪漫主义诗人，为中国的诗歌史开辟了一块前无古人的天地。他把非常有限的生命浓缩在一个瞬间，显示出了生命的全部辉煌。他的诗歌是可以不朽的。“海子一定看到和听到了许多我们不曾看到和听到的东西，而正是这些我们不曾看到和听到的东西使他成为我们这个时代的先驱之一。”

诗是什么？不过是一些分行的句子，一些断断续续出现的语词，最终它们是一些文字。但是当它们以某种方式聚合，就产生了非同寻常的意义，意义不是诗人给的，而是诗人发现的。好的诗歌有最好的文字，在这里，文字犹如夜晚的灯火，照亮黑暗中隐藏的细微末节，它们是事物的细节，同时也是心灵的细节。海子游走在遥远的事物之中，在一个平静的小城里梦想着麦地、草原、少女、天堂以及所有遥远的事物。“黑夜从大地上升起/遮住了光明的天空/丰收后荒凉的大地/黑夜从你内部上升。”正如诗人西川所云：“我深为这些抵达元素的诗句所震撼，深知这就是真正的诗歌。”

意大利小说家卡尔维诺在《未来千年文学备忘录》中把“轻逸”作为可以传递到下一个千年的一条宝贵的文学品质。他将“轻”区分为三种：其中一种是“语言的轻松化，使意义通过看上去似乎毫无重量的语言肌质表达出来，致使意义本身也具有同样淡化的效果。”这种“轻”在海子的诗中我们可以称为整体语气的“轻”，用漫不经心的调子和随意伸展的轻松句式织就的网打捞语义的意外。“站在那里折梅花/山坡上的梅花/寂静的太平洋上一封信/寂静的太平洋上一人站在那里折梅花。”在这样的诗里我们会发现一种难得的平衡，正是这种平衡使诗歌显示出优雅，在我们这个时代，优雅是多么罕见的一种品质。

评论家朱大可在他的奇文《先知之门》中，将海子看作“世界的午夜”中的“先知”，对海子给予了极高的赞誉，这与诗人西川在《回忆》一文中的说法不谋而合。“诗人海子的死将成为我们这个时代的神话之一。随着岁月的流逝，我们将越来越清楚地看到，1989年3月26日黄昏，我们失去了一位多么珍贵的朋友。失去一位真正的朋友意味着失去一个伟大的灵感，失去一个梦，失去我们生命的一部分，失去一个回声。”海子在诗歌的世界里成为叙事文本的帝王，诗人仿佛上帝一般，通晓人世间的所有奥秘。正如英国大诗人雪莱说的那样：“诗人是世界的未经正式承认的立法者。”

真正的诗就是要唤醒我们的记忆，使人惊异于熟识之物，让往日熟视无睹的东西又成今日挚友，人终又重新面对基本问题。“打钟的声音里皇帝在恋爱/一枝火焰里/皇帝在恋爱/恋爱，印满了红铜兵器的/神秘山谷/又有大鸟扑钟/三丈三尺翅膀/三丈三尺火焰。”通篇是平常的文字，结合起来却形成一种不可思议的阅读效果，令人沉醉，令人迷惘。“海子可以说是我所见到的诗人当中直觉能力最好的一位，海子的直觉判断力是别人所无法企及的。在海子的诗歌写作中，长诗是一种工作，短诗才是抒情。而海子的抒情性给当代诗歌注入了生命力，让诗歌再一次发出耀眼的光芒。”

在海子后期的一些诗歌里，我看到了一些更为久远的事物和心情，简短的诗行，传统的遣词造句，对最普通和最普遍的主题的关注。它们看上去是心平气和的："荒凉的山冈上站着四姐妹/所有的风只向她们吹/所有的日子都为她们破碎/空气中的一棵麦子/高举到我的头顶/我身在这荒芜的山冈/怀念我空空的房间，落满灰尘。"这样的诗没有造作的修辞，也没有怪异的形式，诗就是诗，像河水一样从容流淌，像河水一样洁净简朴。但是，它们绝不是简单的或是单纯的，诗句在平常的表层底下隐藏着思想和感觉，隐藏着诗人触摸永恒的努力，其中有梦想也有平淡如水的成熟与沧桑。

海子留下了大量的诗篇，仿佛大量不朽的心灵的火焰，海子用这些字词来召回一个湮灭了的时代，这是海子作为诗人的一种责任和担当。作为一个抒情诗人，海子还有另一面，譬如他写道："诸神之夜何其黑暗啊。"《太阳·七部书》就是为了抵抗黑暗的世界午夜而进行的一场无望的书写，然而黑暗无法消除，最终诗人自身也不可避免地向黑暗陷落。"我的人民坐在水边，只剩下泪水、耻辱和仇恨。"死亡是不可赞美的。正像诗人臧棣写的一首诗："你的死亡使我震惊，但却/教育不了我；你的献身使我们/共同的朋友西渡震惊而悲伤/你已彻底离开，而这并非是/先走一步的问题。你的死亡/构成了一种评价。"

从明天起，做一个幸福的人/喂马，劈柴，周游世界/从明天起，关心粮食和蔬菜/我有一所房子，面朝大海，春暖花开/从明天起，和每一个亲人通信/告诉他们我的幸福/那幸福的闪电告诉我的/我将告诉每一个人/给每一条河每一座山取一个温暖的名字/陌生人，我也为你祝福/愿你有一个灿烂的前程/愿你有情人终成眷属/愿你在尘世获得幸福/我只愿面朝大海，春暖花开。让我们牢牢记住这个日子吧，年轻的诗人绝世而去。1989年3月26日下午5点30分，海子在山海关和龙家营之间的一段慢车道上卧轨，被一辆货车拦腰轧为两截。他带在身上的一份遗书说："我的死与任何人无关！"在海子死后不久，天下大乱，京城人人自危。

萧萧落红无尽处　黄涌

读萧红，选择在夜深人静的时候，独自一人。

年少时，喜读戴望舒的诗，那首简短的《萧红墓前口占》，印象极深。

走六小时寂寞的长途，
到你头边放一束红山茶。

我等待着，长夜漫漫，
你却卧听着海涛闲话。

那时，尚不知道萧红是谁，只觉得诗里有一股冷冷的寒意。后来，读到萧红的传记和作品，这种感觉愈发强烈了。

萧红说："我一生最大的痛苦和不幸，都是因为我是一个女人。"动乱时代的悲切之言，读之令人抚然。

和张爱玲相比，萧红的生前身后都笼罩在一片凄凉里。她一生经历过三次婚姻，而每一次婚姻于她都是一种灾难。她被一个又一个男人爱过，然后又被他们抛弃，终于客死他乡。她的身后，没有繁华与芳馨，有的只是令人感怀的悲戚和凄美。

张爱玲说，繁华过后的苍凉，是人生的底色；而在萧红那里，却不见繁华，唯剩苍凉。

呼兰，萧红的出生地。年少的萧红爱做梦，老屋后面的花园是她追梦的地方。长篇小说《呼兰河传》则是她梦忆的文字，忧郁而感伤，将命运的坎坷与蹉跎都叙述尽了。

爱追梦，而后才有梦醒后的无奈。

为了爱和自由，她选择出走，而后则是被伤害和流亡。命运于她，总是那般不公。

鲁迅曾写过一篇文章叫《娜拉出走之后》，似乎专为她而作。鲁迅说："娜拉或者也实在只有两条路：不是堕落，就是回来。"萧红是娜拉，虽谈不上堕落，但梦醒后的无路可走，却是她的困境。

与文字结缘，对于萧红是幸运的，使她有了另外一条路可寻。

萧军是萧红文学生命里第一个伯乐。在萧红无路可走的时候，萧军扮演了英雄救美的角色。他使萧红登上了文坛，热心地帮助萧红写作。在左翼文学盛行的时代里，萧红用区别于男性作家的清新笔法，向我们传达了另外的景致。

鲁迅是萧红文学生命里第二道风景，可以这么说，没有鲁迅，也许就没有后来的萧红。初入上海，萧红举目无亲，是鲁迅接待了她，为她提供相应的帮助。那时的鲁迅，身体早已不如往日，但是他还是愿意为萧红写介绍信推介她的作品，忍着病痛熬煎为《生死场》写推荐语，关心她的生活……

在鲁迅眼里，萧红是单纯的，文字里有异于时代的气息。她以女性的视角描摹着底层的呻吟和呼叫，对此鲁迅尤为珍视。

或许，在萧红的内心世界里，细腻和丰盈从来都是不缺的，唯一的缺憾，是作为女人默默承受着因为女人而带来的种种不幸。

“我将与蓝天碧水永处，留下那半部《红楼》给别人写了。”“半生尽遭白眼冷遇，……身先死，不甘，不甘。”是萧红临终前给骆宾基的遗言。31岁，正是一个作家最好的创作时光，而竟于寂寞中撒手尘寰，心中的悲苦自不必言。这一声“不甘”里，其实饱含着多少的无奈与愤激。

作为左翼作家的一员，萧红一直是那个时代激进分子的代表，逃婚、出走、求助……当她决心将这一切倾诉到文字当中，所叙所写，完全是另外的样子。

读萧红，有时会读出寂寞的感觉，仿佛打开了另外的情绪窗子。《呼兰河传》是对沈从文《边城》的另一种呼应。松散的结构、不集中的主题、各式各样的人物，如果习惯于读一般小说的读者，自是不喜欢的。而萧红却坚持要把它写成散文，甚至是回忆性的散文，这种决绝，正是寂寞后的自由抒发。

寂寞，才有梦，才有真挚的文字流出。于颠沛流离中渴慕着童年，是梦忆的一种。那冷艳的风物、忧伤而快乐的童年、凄婉的故乡，不正是我们所希望回归的心灵之乡吗？

萧萧落红无尽处，读萧红，读到寂寞，方有了不尽之处。

读一辈子的童话

张嵚

一日碰到友人诉苦，说他家小孩没常性，坐不住，一本书拿手里，翻两页就扔一边。为这个不知道闹了多少回。请我这个写书的紧急增援下，教教小孩怎么读书。

应邀到访后，才被雷得头大。友人给小孩买的书，通俗点儿的有《三字经》《弟子规》，高大上的更多，什么外国的诺贝尔奖的深刻思想的，看得我这个中文系毕业生都一头汗，正寻思着说点儿什么，小朋友立刻又闹起来。然后就看到孩子的奶奶，非常慈祥地把小孩抱在怀里，耐心一句一句地哄着，果然没一会儿工夫，小朋友便消停了。

刹那间，突然一种温暖的情怀涌上了心头，竟情不自禁地痴了。瞬间浮上心头的，倒不是熊孩子年岁里的荒唐掌故。而是眼前这个桥段，在一个人的笔下，是那样的似曾相识："爷爷把孙子搂过来，用全世界最语重心长的表情和语气对他说，世界名人诸如华盛顿爱因斯坦马克思牛顿爱迪生李白米老鼠等等都上过学前班，没上过学前班的都成了历史罪人如希特勒秦桧白骨精霸天虎格格巫……"

那熟悉幽默的文字，化作忍俊不禁的场景，在脑海里刹那间乱入。以至于醒过神来后，很认真地给朋友说出了这段文字的作者，更很郑重地建议朋友：要想让你家孩子认真读书，最好先买这个人写的书。

于我而言，这个人写的书，就好似从小吃到大的家常菜。当你去寻觅山珍海味的时候，也许不会轻易想起，可但凡肚子咕噜咕噜叫了，最先想念的，正是这种味道。

最早读这个人书的时候，年纪怕是比朋友家的小孩还要低幼。读的第一部作品，是讲两只小老鼠的故事，一只因为作为老鼠，总是被歧视，另一只更因为打不过猫，每天的饭食都被小猫抢走，饿得前心贴后背。那时候的我，也是个不讨喜合群的孩子，在小伙伴中间，也总是会被人欺负。在学校里更常被老师修理，班里出了什么样的坏事，都会摊在我身上。每次心塞到极度委屈的时候，便特别喜欢翻他的书，去读一只小老鼠被小动物们围着骂他小偷，另一只被可恶的小猫追进洞穴里，饿得快瘫掉，只能拿个小布袋，有饭菜香味飘过来的时候便接一下，然后饿了就打开闻一闻，结果越闻越饿……

那个年岁，每当读到这里的时候，鼻子就忍不住会酸，酸完了后接着读，读到小老鼠为了重塑形象，一只开着直升飞机行侠仗义，一只开着坦克，把小猫打得满地爬，于是就跟着兴奋起来。照着今天网文的话说，这便是爽文。几次爽过了后，也就变得开朗，知道自己该怎么做，开始学着刻苦，学着动脑筋，学着反抗，学着证明自己。然后童年的记忆，便从此变得热情洋溢起来。

那时候，这个人的创作热情非常高涨。单是小老鼠的童话，写了便有二百多集，另外还有大灰狼童话，读过的也有一百多集。另外还写了一对孪生兄妹，哥哥淘气爱闯祸，妹妹恬静得宠学习好，却都有一颗善良的心，更总是遇到奇妙的事。哥哥用电热毯取个暖，都能变成浑身会放电的超人，还帮国家抓住了贪污犯。妹妹开个罐头，都能找到五个罐头小人，而且个个身怀绝技，为了保护五个可怜的小人，妹妹甚至差点儿被学校开除。还有生肖童话，以每年的生肖为主角，一年出一本，有当腻了动物世界大王，投胎到人间当人的蛇王，就是记忆中那个不愿意上学前班，被爷爷搂着谆谆教诲的小朋友。还有天生就身怀绝技，连核武器都不放在眼里，把世界各大国总统修理得七荤八素的机器猴。还有身为兔子，却拿到人类最高学位，并最终让全世界变善良的达不溜兔博士。那些天马行空的想象，一环扣一环的动人情节，还有掩卷后不禁浮想联翩，静心思考的感觉，从开始读书起便陪伴着我，从小学到大学，每个月必做的事，便是守在书摊上，等新鲜出炉的连载他童话的那本畅销杂志，每次买到新杂志，翻开后兴奋阅读的心情，也许只有今天网店用户收到网购货物时，撕开快递包装的喜悦可以比拟。

这样的喜悦，在流年似水中，不知不觉竟已过了近三十载。从当年森严的小学课堂里，战战兢兢地在课本里夹他的一本书，一只眼瞄着老师一只眼偷偷地看，以至于情不自禁笑出声来。再到大学宿舍乱糟糟的床上，深更半夜里，随意地点上一支烟，点着蜡烛一页一页地啃。这个人的作品，后来还有很多，但是大爱的依旧是童年时的几本，就像小时候最爱吃的点心一样，每隔几日，就要重温。

而每一次重温，也总会有些不同的味道和品评：童年的时候，开心于那些颠倒起伏的情节；逐渐懂事以后，会从简单的描述里唏嘘那些人物的命运；意气风发的青年时代，也会学着体会他的思想，顺便从中读出一些指点江山的心得。直到真正走上社会，开始为生活奔波，才会越来越懂，他写的是什么：其实就是一个怀着童心的人，怎样在各种物欲横流的年代，保有一份纯真的自我。

也曾经感到奇怪，据说这个人只有小学四年级的学历，更别提上过什么写作学习班。但是他为何就能创造出一个如此丰繁的童话世界？为什么从不谙世事的孩子，到奔波于尘世的成年人，总有人追他的故事，比今天热心读者追网文还要狂热？为什么那些看似简单的情节，看似孩童的主人公们，总能如此强烈地牵挂人心，甚至每一段熟悉的情节，读过千百遍，也从来不觉得厌烦？

也许，就如他自己所说，他并不懂高深的文学理论，他只是把自己对于孩子们的爱与思想，用最能让孩子们爱看的方式描述下来。然而也许他自己都不知道，他所写下的，是那个时代大多数孩子普遍的烦恼和盼望，他通过那些故事告诉孩子们的，更有足够受用一生的品质与智慧。

于是，只有在真正离开校园，踏入到社会大潮的时候，才会越发强烈地知道：那些明知现实生活中不会发生的童话故事，深藏着怎样珍贵的财富，从品德的坚守到做事的态度，他笔下的小孩子与小动物们，已经给予了足够参考的答案与体会。同一个故事，在不同的年岁拿出来重新阅读，竟会有不一样的体会。让作品具有这样的魔力，他做到了。

从30年前成长过来的我们，是比较幸福的一代，比上一代人最幸福的地方，便是书店里有了更多可以选择的童书。有安徒生与格林，有海里等待的女儿，朝着天鹅努力的丑小鸭，盼望着白雪公主的七个小矮人。那是德国人或丹麦人讲给我们的故事。更幸运的是，中国还有他，有他的舒克与贝塔，皮皮鲁和鲁西西，有善良搞怪的罗克，飞向南极的朱塔，告诉我们所生活的国家，会有的开心快乐与烦恼忧愁，告诉我们生活在这个世界，会有一条怎样的路选择。

是的，他的作品，便是属于中国孩子自己的童话，正如那本一直连载他作品的杂志名字——《童话大王》，虽然不能随便代表谁，但相信在许多如我一般年岁的朋友心中，他便是属于我们的童话世界中，当之无愧的王。

中国有很多童话作者，也有很多的童话作品伴随我们的人生路许久，但是只有他的作品，才有恒久的回味和兴奋的形象，这不仅仅因为那些天马行空的情节与意想不到的幻想，更不仅仅因为那些性格独立的主人公，最重要的意义是，无论怎样的故事背景，他都可以让我们真真正正触摸到这个成长的世界。许多不懂童话的朋友，总在吐槽童话是一种对现实的逃避，他的作品给予了一个最有说服力的回答，奇特的故事不会让我们远离对现实的认知，那反而是一个全新的视角，仿佛城市侧面一座风景奇幻的山峰，在阅读的旅途中爬到高处，见证这个世界奇特而真实的风景。

于是，在年岁的累积中，从他的童话世界中，我们重复着一次次乐此不疲的旅行，在每一次流连忘返中，总有全新的回味在心头。美术史上的阎立本观敦煌壁画，可以反反复复，百看不厌，每次都品评不同。每个人的心灵深处，或许也有这样一处神圣的莫高窟，于我而言，他每一次娓娓道来与跌宕起伏，亦是那一排排鲜活生动的妙笔丹青，在一次次回眸远望后，百感交集，却叹为观止。

我们不能总生活在童话世界里，但我们的世界，不能没有童话。以这样的名义存在着，他——童话作家郑渊洁。他的书，值得我读一辈子。

当上帝创造时间的时候

高维生

海因里希·伯尔是德国的作家，也是享誉世界的作家，1972年诺贝尔文学奖得主。

20世纪50年代海因里希·伯尔在爱尔兰的一个岛上买了一座房子，每年他都要来这里休息和写作。有时是和家人一起来，听不息的海浪，观日出日落，在岛上漫游、寻找，站在海边上，隔海眺望远方。《爱尔兰日记》是一本配图的书，时间漫漶的照片有些模糊，现出时间的冷酷无情。远处的山冈犹如一头笨重静卧的大象，甩动长长的鼻子，海浪卷涌，在岸边飞舞，发出愤怒的哮叫。伯尔和孩子们在看海，战争过去了，青春在他的身上消失，发胖的体态更多出人情味。父与子之情，人与大自然相恋之情。透过一张张照片，看到一个人的伯尔和他的内心世界。伯尔的另一张照片反差很大，“微笑的男孩渐渐远去了”，这是1926年9岁的伯尔穿着学生服的形象，稚嫩的脸上少了少年的欢乐，深凹的眼睛，目光冷峻，这种目光和他的实际年龄不符。他站在一级台阶上，脚下高低不平的台阶，是否有一种暗示？预示人生坎坷、艰难。

漂泊在伯尔的笔下，不仅是行走的过程，而是在对现代生活和人性进行剖析的时候，透过历史重压下的反思，恰似积压已久后的一声长叹，阳光冲破重霾后的一缕金色之光。伯尔离开德国踏上旅途，这不是一般的休假和观光。横穿爱尔兰的日子，他记录下生活。这些记录不是随意的，寻找是一场精神的熬炼，是一次生命的蜕变。灰色的爱尔兰空气潮湿，独特的气候环境，似乎更合乎伯尔的心境。偌大的欧洲，文明的欧洲，有着深厚的文化积淀，伯尔为什么选中爱尔兰？这个时钟比别的地方慢的地方，人心朴实，生活节奏缓慢，美丽的大自然是一位神奇的医生，疗治伯尔心灵的伤口。

“过了阿斯隆以后，已经变成客车的列车又蜿蜒爬行了四个小时，停靠的都是越来越小、越来越靠西的火车站。”忧郁一阵阵扑面而来，那么沉重，潮湿气息贯串书中的每一个字。作家对情绪极敏感，情与境中，他体味和感悟着爱尔兰。伯尔没有异国的新奇和陌生的新鲜感，小站的站台，海边荒废的小镇，一个新生命的出生，思念亲人的妇女，这些不过是普通的事情。他写了很多场不同的雨，雨中的车站，雨中的海边，雨中的墓地，雨中教堂的钟声，敲碎灰厚的阴云，给云镀上一层亮色。

列车进入斯莱戈车站时，雨仍然在下，雨天在爱尔兰极为平常，恋人在伞下尽情地接吻，离别的眼泪在脸上流淌。伯尔怀着敬畏的心情，坐上出租车，在雨中他要去德拉姆克利夫墓地，那是叶芝安息的地方。雨雾中的教堂，被一群乌鸦绕来绕去地包围。伯尔感觉似飘着一片片黑色的雪片，他并没有捧一束鲜花献到叶芝的墓前，表达他对故去的人的敬意。伯尔用他那管粗重的笔写道："乌鸦在墓碑上飞起，绕着古旧的教堂顶楼呱呱地叫着，叶芝的墓是湿的，碑石冰冷……"乌鸦如同是伯尔祭献到叶芝墓上的黑色的花束，一行行诗句。墓石被雨水淋得沉重，雨落在上面的声音，像两个大师的对话。阴冷的交流，没有阳光的对话，针尖似的雨丝，刻进石的纹理和心灵中。伯尔在雨中望着墓中的叶芝，叶芝在墓中注视伯尔，无言相对，没有交换自己的著作，这是何等的沉默。伯尔觉得冷，他对出租车司机说："回火车站去。"出租车渐渐地远离了叶芝的墓地，伯尔向雨中孤零零的墓碑瞥去，他想叶芝墓的那边是四千公里的水，看不到天鹅自由地飞翔。

经受过战争所带来的创伤，目睹人间的大起大落、大悲大喜的伯尔，脸上出现老年的斑点，纹络堆起，仿佛山间叠起的岩石，棱角鲜明，这些变化没有让伯尔变得丑陋，他反而慈祥了。他的文字淳朴，没有浮肿的华丽，不会卷进流行的喧闹。被海水滋润的文字，不会让时光抹掉，沙金一样沉在时间的河流中，供后来的人回味和思索。

书的封面是海因里希·伯尔的肖像，苍老的眉毛，像大地上秋天的枯草失去汁液，在风中，枯瘦却有着苍凉的刚劲，他的目光却不浑浊，对世界发出意味深长的盯注。伯尔的思想像爱尔兰潮湿、凝重的天气，他在沉思什么？

海因里希·伯尔是一个安静的作家，十多年前中国出过《爱尔兰日记》，很快被人忘记。今天重又出版这本书，封面印有一行烫金的小字："20世纪最富有同情心的散文杰作。"对于伯尔这句话很准确，不带半点夸大之意。

爱尔兰飘来飘去的雨丝，在思绪的边缘行走，我被阴湿的天气缠绕，向伯尔投去景仰的注视。伯尔向雨天的深处走去，而我却被冷雨凝固，望着伯尔远去的背影。

《爱尔兰日记》是一本珍贵的书，并不是因为伯尔的名气太大，而是因为他如此动人的叙述和温暖的情怀。

在天为云，在地为水 柳已青

沈从文在青岛的太平角和昆明的翠湖，经常昂首观察天上的云地上的水。他在《水云》中写青岛海边的静思：“地上一切花果都从阳光取得生命的芳馥，人在自然秩序中，也只是一种生物，还待从阳光中取得营养和教育。因此常常欢喜孤独伶俜的，带了几个硬绿苹果，带了两本书，向阳光较多无人注意的海边走去。”

我觉得沈从文这一生，好似水云。在天为云，在地为水。虽被大风改变形状，但内心不变，终究是水做的。

沈从文被时代的风暴吹折为上下半生，上半生是文学家，下半生是文物专家。1949年之后的沈从文远离文学，焉知非福。他过得隐忍低调，谨小慎微，即使这样，仍然逃脱不了“文革”中的批判和流放。读他谈文物的文章，行文流畅，颇有文采，毕竟是出自文学家之手。这些文章的背后是深深的孤独、远离时代的平静。不管是文学家还是文物专家，沈从文不改其书生本色，对文化的热爱，渗透到他的血脉之中。

当年沈从文漂荡在北京，在零下十几度的房间写作，没有食物吃的时候，就饿上两三天。沈从文经常盖着棉被，一只手捂着流鼻血的鼻子，一边写作。是郁达夫、徐志摩、杨振声帮助他度过人生最寒冷的冬天。从1929年开始，沈从文以蜚声文坛的作家身份进入中国公学教书，到1949年因遭遇精神困境自杀未遂从北京大学退出，这二十年间，他一直以写作教书为生。文学家在小说中随心所欲进行创作，超脱生死，但在现实中，无法预知人生的下一步会遭遇什么。在新文化运动的余韵中，沈从文漂在北京时，他无法预料到自己会成为文学家；他成为文学家之后，无法预料到会在时代的变革中改行，无法预料到后半生的荣辱浮沉。

正因为沈从文所经历的一切，带有诸多的不确定性和悲剧色彩，成为审视作家与时代的一个样本。张新颖的新著《沈从文的后半生：1948～1988》，是我们进入沈从文内心世界的一座桥梁。张新颖特意将沈从文的这一段话放在开篇："一些生死两寂寞的人，从文字保留下来的东东西西，却成为唯一连接历史沟通人我的工具。因之历史如相连续，为时空所阻断的情感，千载而下百世之后还如相晤对。"这显然是沈从文在整理那些无人问津的文物之时，发自内心的一种情感。正是因这种思悟和感情，沈从文赋予文物以生命力。说起来，文物比人更长久，文学作品比作者本人更强大。沈从文意识到这一点，功名显赫，财富万千，终究是一时的，化为尘，被一阵风带走。所以，沈从文能够沉静而专注地做文物的整理和研究工作，他沉重的肉身为时代的风暴所左右，载浮载沉，但他的精神有一种顽强的定力，超脱时代，淡泊名利，断断续续做完了《中国古代服饰研究》。

张新颖特意说明："我写沈从文的后半生，不仅要写事实性的社会经历和遭遇，更要写在动荡年代里他个人漫长的内心生活。"《沈从文的后半生》一书，借助沈从文的书信、文集等文字材料，构筑了沈从文的精神史。个人足迹与精神轨迹，时代环境与思想转变，政治运动与内心变化，全在书中呈现。个人与时潮的冲突，"信"与"思"的冲突，"事功"与"有情"的冲突，未能忘情文学创作"写"与"不写"的冲突，一一读来，都让人感慨万千!

读《沈从文的后半生》一书，一个问题在脑海萦绕不去，沈氏悲剧是怎样形成的？有没有别的道路可以选择？沈从文的自杀和转行，和曹禺的忧郁和落寞，巴金的沉思和随想一样，构成1949之后作家生存之样本（沈从文在给黄永玉的信中称自己"是一个牺牲于时代中的悲剧样本”）和谜案。

1949年1月，“历史正在用火与血重写”，当众人兴高采烈地迎接北平的解放之时，沈从文的神经已发展到“最高点”上，“不毁也会疯去”。他翻出了徐志摩的《爱眉小札》，写了一段感慨，其中四字为“人生可悯”。经历过自杀事件后，向死而生的沈从文，隐忍，沉默。到了20世纪60年代，“经常在‘斗争’的呼声中如临深履薄，深怀忧惧，不知如何是好”。

晚年沈从文的老泪，更有一种震撼人心的力量。1985年，有记者访问沈从文，他谈到“文革”中打扫厕所，女记者说了句：“沈老，您真是受苦受委屈了！”沈从文顿时号啕大哭，泪如雨下，张兆和像哄小孩一样，又是摩挲又是安慰，才让他安静下来。读到这样的细节，只能说“人生可悯”！夫复何言？

《沈从文的后半生》一书，细节饱满。张新颖勘探、梳理沈从文的文献，细细勾勒，为读者呈现一幅沈从文的立体影像。诸多有意味的时光和人生片段，连缀而成沈从文的后半生。

1987年8月24日，沈虎雏把誊抄好的《抽象的抒情》拿给沈从文看。他看完后说：“这才写得好呐。”——可是，他已经不记得这是他自己写的文章。……在神智模糊之前，沈从文握着张兆和的手说：“三姐，我对不起你。”——这是他最后的话。

老沈从文晚年读得最多、反复读的一本书，就是《圣经》。如果真的有天堂，希望沈从文能够按照自己的意愿，做一朵自由自在的云。

沈从文魂归湘西。在故乡凤凰的墓碑上刻着：照我思索，能理解“我”；照我思索，可认识“人”。边城沧桑，长河流不尽。唯愿他倾听着家乡的江河水，灵魂获得安息。

秋光里的郁达夫

黄涌

一个人沿着江岸行走，秋风阵阵，辽阔的江面上穿梭着几艘来往的客轮；靠岸停泊的船只上，有两三个小孩对着江水嬉戏；岸旁的柳树在秋风的拂拭下，显得格外苍老。

“秋天，无论在什么地方的秋天，总是好的。”这是郁达夫《故都的秋》开篇的话。郁达夫喜欢秋天，秋天是他的还乡病。

第一次感知郁达夫的作品，也是在这样的秋天。那年，第一次出门远行，我来到了一座江南小镇。其时，秋意正浓。我沿着新安江漫步，在落寞与萧瑟中忽然记起了郁达夫写屯溪的诗句：

新安江水碧悠悠，两岸人家散若舟。
几夜屯溪桥下梦，断肠春色似扬州。

诗是早些时从哥哥废旧的日记本里找到的，因为喜爱古诗，一读就没能忘却。温软的江南对应着郁达夫缠绵的诗句，使人多出了几分独有的情思来。自此以后，我便开始喜欢上了郁达夫 ，先是从图书馆里借得他的小说集，后又从书市里搜得他的散文集来读。只是那时的我，更爱读他的旧体诗词，总觉得他的旧体诗里蕴藉着无限的风韵。再后来，随着年岁的增长，渐爱看他的散文了，感受着他文字里泛滥出的阵阵秋意，仿佛他是一位专为秋天而生的作家。

郁达夫散文里多裹挟着秋风的气息，清明而散漫。这是一位忧郁的文人，他的文字里既有江南才子的风致，亦兼得日本浮世绘的隐秘况味。他的小说很大一部分得自日本私小说的滋养，以表现自我为主，侧重于对个人内心的开掘。

文学史上的郁达夫是以小说而闻名的，《沉沦》所引发的“文学与道德”的争论早已是旧闻了，消弭在历史的烟尘里。但是，郁达夫还时时能被人们所惦念，这大概是因为文学总是能够超越时空的，它能让我们透过岁月的风尘更能准确地感受出那颗不羁的灵魂和那个时代所包容的特定精神氛围。

1896年12月7日，郁达夫出生在浙江富阳县的一个普通知识分子家庭里。他的父亲早逝，由于自小缺乏父爱，郁达夫养成了敏感而忧悒的性格。富阳县是美丽的富春江流经之地，优美的风物给了郁达夫独有的熏陶。他7岁入私塾，9岁便能赋诗，自有别人不能及的天赋。后来留学日本，因酷爱阅读小说而对文学产生了浓烈兴趣。回国后，他与郭沫若、成仿吾等组建了新文学史上重要的文学团体“创造社”，并开始发表小说。1921年，他的第一部小说《沉沦》出版，随即轰动文坛。而这本小说显然带有日本私小说的影子，贯穿了两大主题，即性苦闷与民族主义。而郁达夫自己的一生似乎也难以摆脱这两大主题的影响。他一生经历过三次婚姻，尤其以跟王映霞的婚姻最为引人瞩目。这对曾经被誉为富春江上的神仙眷侣，最终因抗战的爆发在辗转途中走向了终结，而郁达夫更因一组《毁家诗纪》在报刊上发表，一度闹得沸沸扬扬。

郁达夫是一位有着强烈民族主义倾向的作家，小说《沉沦》结尾处那句声嘶力竭的呼喊，曾经震荡了年少时我的心灵良久。夏衍说他“是一个伟大的爱国者，爱国是他毕生的精神支柱”。郁达夫在从事文学创作的同时，曾积极参加各种抗战组织，先后在上海、武汉、福州等地从事救国宣传活动，并亲赴台儿庄劳军。辗转漂泊南洋期间，亦以抗日为念，积极投身于各种抗战组织。最终，于抗战胜利前夕，遭日本宪兵队杀害。

后人谈论郁达夫，多冠以“颓废”二字于他的作品里。其实，这是对郁达夫最大的误读。郁达夫小说里所刻画的灵与肉的纠葛，本来就是以忠实于自我为依托，然后用清新哀婉的笔调道出，故多有感伤美与病态美。说他颓废，显然是误解和低估了郁达夫的文学理想。

不是樽前爱惜身，佯狂难免假成真，
曾因酒醉鞭名马，生怕情多累美人。

劫数东南天作孽，鸡鸣风雨海扬尘，
悲歌痛哭终何补，义士纷纷说帝秦。

这首《钓台题壁》，是我迄今为止最为喜爱的旧体诗之一。那年秋天，一位教我古代文学的老师，在课堂上一经吟咏，我便不能忘却。郁达夫的名士风流，正是通过诗的方式，令少年的我一见倾心。

郁达夫来过安庆，也是在这样的秋天。小说《秋柳》里这样写道：

“A城外的秋光老了。法政学校附近的菱湖公园里，凋落成一片的萧瑟景象，道旁的杨柳榆树之类，在清冷的早上，虽然没有微风，萧萧的黄叶也沙啦沙啦地飞坠下来。微寒的早晨，觉得温软的重衾可恋起来了。”

菱湖公园就位于我家的斜对面，秋天的清晨，到公园里走一走，满道的黄叶随风而落。这时，想起郁达夫当年也是这样地走着，感觉时光忽然慢了下来，脚下的步子也轻快了许多。

一个人做一件事情需要某种使命

杨东城

这些年读了一些书，随着年龄的增长，阅读方向和口味有些变化，但安妮宝贝的书，一直陈列在书架上。她现在改名为庆山，当然这不影响她的文字，洗练、干净、淡定，具有穿透力，是什么造就了这些？

早在2003年与她对谈过一次，而后陆陆续续谈过几次她的作品，很少涉猎她的私生活。她是在浙江海边的村庄长大的，1998开始写作。她说有读者喜欢，很多人读，自然就一直地写下去。“我不喜欢做刻意的事情。一个人做一件事情需要某种使命感，需要一种无名的力量来推动和支持。也许写作就是我应该做的一件事情，所以做起来从没有困难或费劲的感觉。”

在她的书中，呈现文字背后的自己，行走，写作，隐居……她用这种符号式的含义释放着心灵的勇气，脱去杂念的外衣，“裸奔”在精神支撑的荒原之上。这越发让人感觉到她的神秘，习惯伴随着她带有强烈情绪的文字一同上路。

在字里行间，精神支撑逐渐演化为思虑和渴求，并找到对应的情感脉络。

“2007年我只做了两件事情，写作《素年锦时》，及决定生养一个孩子。我要的生活很简单自足，也一直在为自己做出选择。如同那一年决定走上去往雅鲁藏布大峡谷的路途，这些选择都只是我自己的，个人的，很平淡的一些事情。不需要事事向别人通报和讨论。我会有自己的方式给予这些生活阶段性的选择，一个一个地纪念。”

她一直以这样的清冽风格抓住读者的心。

当然，最初吸引大批年轻读者的，一定是她早期作品里的一个人物形象：穿白棉裙、光脚穿球鞋、桀骜不驯并且漂泊的女孩，不断在感情中受到伤害甚至鲜血淋漓。有人以为这种伤痛的爱情深处，透露着写作者骨子里所蕴藏的温暖。作为我喜欢的作者，阅读时难免会有联想和猜测。她不写作的时候，会享受平淡生活的细微美好之处。种花，种菜，长时间散步，阅读很多书，搜集好的电影，看画展，听音乐会，去古玩市场看旧物，做家务，做手工，照料猫狗和鸟……

很朴素的生活造就了这些文字？显然是自我反省的习惯，对这个世界有距离感，是一些与大多数人背道而驰的人，追索真实的事物，不认同幻觉。

大抵如此，才有了她去墨脱的体验，但她劝我不要去，这条路线不适合旅行。随时都有可能暴发泥石流和塌方。经过塌方区的时候很有可能滑下悬崖，掉入江水中。蚂蟥很多，生活条件艰苦，而且走进去之后，基本上没有退路。心理素质和体力不好的人，几乎没有可能出来。大家要停止想象。

读过她全部的书，之所以还要继续读下去，也许是她的文字抵达了我的记忆，穿透了内心，最终归于静默，又唤起期待。

一次次抬头看天，一次次抬脚上路，寻找着只有她自己知道的归宿，这是一个神秘的女人，依旧用不为人理解的坚持在归隐与喧闹间行走。

一个无政府主义者的黄昏 唐山

1945年8月，赴重庆谈判的毛泽东与巴金第一次见面，毛泽东说：“奇怪，别人说你是个无政府主义者。”巴金回答道：“是啊，听说你从前也是。”

因为无政府主义，巴金一生共遭遇五次大规模思想批判，可他真是无政府主义者吗？

无政府主义19世纪后半期流行于欧美，主张废除一切国家和政府，个人享有绝对自由。1903年前后传入中国，1912年始在国内建组织，到“五四”前后，已有48个团体、69种刊物，章太炎、陈独秀、李大钊、毛泽东、周恩来、鲁迅、张国焘等均受其影响。

无政府主义与中国传统思想有契合处，近于孔孟之“大同”、老庄之“虚无”、墨家之“兼爱”，巴枯宁等人行文有强烈的道德色彩，对中下层知识分子有吸引力，此外男女平等、婚姻自由等主张，亦契合时代需要。

但，国人接受的是改造后的无政府主义，除了能看懂的、现实需要的部分外，学理如何、思想源流等，基本未加讨论。由于没有解决方案，20世纪30年代初，无政府主义基本退出政治舞台。

1929年，巴金的第一部中篇小说《灭亡》发表，当时创造社、太阳社正力倡“革命文学”，要彻底否定“五四”，把借“五四”起家的学者们扫出文化机关，可创作上又无成绩。巴金这本小说恰好填补空白，它是“革命题材”，还站在农工立场上批判了资产阶级，因此被评论圈热捧。

巴金一口气又完成了《家》《春》《秋》，评论界这才发现，巴金并非“革命作家”，而是“无政府主义者”，是马克思主义“最危险的敌人”，于是，在读者交相称赞之时，评论圈反而冷漠以对。

《家》《春》《秋》确有不足，巴人曾说：“在人物塑铸上，给予新的一种定型，给予旧的一种定型，给予不新不旧的，又是一种定型。这定型，机械地被描写着。”

然而，评论圈排斥巴金，还是因为他的主义，倒是鲁迅仗义执言，认为巴金已近“写实主义”。鲁迅出殡时，巴金是指定的16名抬棺者之一，位居第三，又回到“革命作家”阵营中。

解放后，巴金常说“我信仰的是自己的无政府主义”，虽是自我洗白，亦有属实一面。

巴金接受无政府主义，因“它重视个人自由”，可这个自由并不包括政治自由，在巴金早期政论中，对美式民主颇有批评，他认为只有伟大的组织才能保障自由，应献出个人，去实现社会改造。于是，巴金的无政府主义神奇地指向集体主义。

巴金曾以为“自己的无政府主义”与时代相通，而津梁就是“英雄主义”。新中国成立后，他写了许多小说赞美志愿军，两次赴抗美援朝前线，在那里生活了一年左右，并写道：“每天我都感觉到有一种力量在推动我，有一种感情在激动我，有一种爱在我的心中燃烧。”

但，现实是两者根本无法打通。

1955年“反胡风斗争”、1957年“反右”，巴金均置身事外，但1957年下半年开始，北京师范大学等先后成立巴金创作研究小组，对其轮番轰炸。1959年，《沫若文集》第十卷出版，收录了写于20世纪20年代的《卖淫妇的饶舌》，文中怒斥“一位无政府主义的青年”，并特意注释“此人乃李芾甘，即今之巴金”。因1925年巴金曾撰文说：“郭君虽自称是马克思主义者，然而他对马克思完全不了解……郭君以后多作诗，少谈主义，以后可免再闹笑话。”

1960年10月，巴金匆匆写完小说《回家》，这一次“英雄主义”再度“升华”，主人公历尽磨难后，最渴望见到的已不是自己的孩子和母亲，而是毛主席，对祖国、真理、理想的爱，均被浓缩到了这一点上。

但，巴金还是没能过关。

在“文革”中，巴金成了“反党反社会主义急先锋”“凶险毒辣的大右派”“蒋家王朝的忠实走狗”和“黑老K”，遭遇非人待遇。

平反后，巴金全力撰写《随想录》，虽有人批评它“缺乏文采”，但巴金自认是“春秋笔法”，当年在论战中怒骂朱光潜为“少见多怪、缺乏常识的妄人”“大言不惭”“病狂者的谵语”“冒充内行”的那个巴金踪影全无，从气质上看，《随想录》神似卢梭的《一个孤独漫步者的遐想》。

晚年的巴金说：“只有在剥夺了人权在牛棚里住了十年以后，我才想起自己是一个‘人’，我才明白我也应当像人一样用自己的脑子思考。”

一辈子因无政府主义挨批的巴金，直到这时，才最像无政府主义者。

图书在版编目（CIP）数据

越读．2 / 毕淑敏等著．—北京：北京联合出版公司，2016.10
ISBN 978-7-5502-8463-0

Ⅰ.①越…　Ⅱ.①毕…　Ⅲ.①读书笔记－中国－现代　Ⅳ.①G792

中国版本图书馆CIP数据核字（2016）第212246号

越读 2
著　　者：毕淑敏等
选题策划：北京凤凰壹力文化发展有限公司
责任编辑：徐秀琴
特约编辑：申丹丹　贾　烁
封面设计：灵动视线
版式设计：灵动视线

北京联合出版公司出版
（北京市西城区德外大街83号楼9层　100088）
北京旭丰源印刷技术有限公司　新华书店经销
字数94千字　787毫米×1092毫米　1/32　印张7.25
2016年10月第1版　2016年10月第1次印刷
ISBN 978-7-5502-8463-0
定价：36.00元